10 Minuten T'ai Ch'i

Foen Tjoeng Lie

10 MINUTEN
T'ai Ch'i

FALKEN
TaschenBuch

Von demselben Autor ist im FALKEN Verlag erschienen:
Tai-Ji-Quan (Nr. 0850)
Bitte fragen Sie in Ihrer Buchhandlung.

Der Text dieses Buches entspricht den Regeln der neuen deutschen Rechtschreibung.

Dieses Buch wurde auf chlorfrei gebleichtem und säurefreiem Papier gedruckt.

Die Deutsche Bibliothek – CIP-Einheitsaufnahme

Lie, Foen Tjoeng:
10 Minuten T'ai Ch'i / Foen Tjoeng Lie. – Orig.-Ausg. –
Niedernhausen/Ts. : FALKEN TaschenBuch, 1997
ISBN 3-635-60340-6

Originalausgabe
ISBN 3 635 60340 6

Umschlaggestaltung: Zembsch' Werkstatt, München
Gestaltung: Beate Müller-Behrens
Redaktion: Martina Seith-Karow, Offenbach/Sabine Weeke
Herstellung: Beate Müller-Behrens
Titelbild: Zembsch' Werkstatt, München
Fotos: Thomas Martial Arts Design, Hamburg
Zeichnungen: Daniela Schneider, Frankfurt/M.
Satz: MGX Media, Wiesbaden
Druck: Konkordia Druck GmbH, Bühl/Baden

Die Ratschläge in diesem Buch sind von Autor und Verlag sorgfältig erwogen und geprüft, dennoch kann eine Garantie nicht übernommen werden. Eine Haftung des Autors bzw. des Verlags und seiner Beauftragten für Personen-, Sach- und Vermögensschäden ist ausgeschlossen.

817 2635 4453 6271

Inhalt

Vorwort

Dieses Buch will und kann keinen ordentlichen Kurs für T'ai Ch'i Chuan ersetzen. Vielmehr soll es dazu dienen, das Interesse für T'ai Ch'i Chuan zu wecken und den Lernenden und Übenden beim Besuch eines T'ai Ch'i-Kurses zu begleiten. Die dargestellten Übungen können durch ihren logischen, aufeinander abgestimmten Aufbau vielen Interessenten den Einstieg in T'ai Ch'i Chuan erleichtern.

Aber kann man denn T'ai Ch'i Chuan in 10 Minuten erlernen? Selbst wenn Sie eine enorm gut entwickelte Lernfähigkeit besitzen, können Sie eine T'ai Ch'i Chuan-Form, wie kurz sie auch immer sein mag bedingt durch ihre Komplexität wohl nicht in 10 Minuten erlernen.

Was Sie aber mit täglich (mindestens) 10 Minuten reiner Übungszeit erreichen können, ist recht viel. Vorausgesetzt, Sie haben die Geduld, kleine Schritte zu machen und fleißig zu arbeiten, können Sie das komplette Übungsprogramm, das in diesem Buch vermittelt wird, erlernen.

Doch selbst dann haben Sie T'ai Ch'i Chuan noch nicht gelernt und sind in der Lage, es perfekt üben zu können. Aber Sie haben die Grundlagen des T'ai Ch'i Chuan erlernt und sich so eine gute Basis für eine der T'ai Ch'i-Formen erarbeitet. Das erleichtert Ihnen nicht nur das Erlernen der Form, sondern Sie können das Wesentliche des T'ai Ch'i Chuan besser erfassen und nachvollziehen.

An dieser Stelle möchte ich Frau Katja Kellner, die mir bei der Fertigstellung des Manuskripts große Hilfe geleistet hat sowie all meinen Lehrer/-innen, Kollegen/-innen und Schüler/-innen, die mich auf diesem Weg mit T'ai Ch'i Chuan begleitet und unterstützt haben, danken.

Einleitung

Was ist T'ai Ch'i Chuan?

T'ai Ch'i Chuan (gesprochen T'ai-Tsi-Chuan), auch Taijquan oder Tai-Ji-Quan geschrieben und „Schattenboxen“ genannt, setzt sich aus zwei Begriffen zusammen:

T'ai Ch'i bedeutet in der taoistischen Philosophie den Ursprung von Himmel und Erde, also Yin und Yang. Chuan bedeutet Kampfkunst mit blossen Händen bzw. Fäusten. Die Bezeichnung dieser traditionellen chinesischen Körperübungen durch den Begriff T'ai Ch'i will die Vollkommenheit dieser Kampfkunst, die Körper und Geist besonders effektiv schult, zeigen.

Ursprünglich wurde T'ai Ch'i Chuan als Kampfsport eingesetzt. Nach historischen Dokumenten wurde der älteste Stil des T'ai Ch'i Chuan von der Familie Chen in der Provinz Henan in Nordchina entwickelt. Er beinhaltet die 13 Grundformen der Handgriffe und Körperhaltungen der chinesischen Faustkampfkunst. Aufgrund seiner dem Fluss ähnlichen langen Sequenzen wurde er der Gattung Changquan (langes Boxen) zugeordnet.

Der Ahnherr der Chen-Familie Chen Wang-Ting (er lebte Ende des 17. Jahrhunderts) legte die heutige Form und Ausprägung des Chen-Stils fest. Ein anderer Meister der Kampfkunst, Wang Zong-Yue (1736 bis 1795 n. Chr.) verfasste eine Abhandlung über die Charakteristika des Changquans der Chen-Familie und wies auf ihre enge Beziehung zu den Yin-Yang-Prinzipien der taoistischen Philosophie hin. Seitdem wird diese Boxart T'ai Ch'i Chuan genannt. Der sowohl in China als auch im Ausland sehr populäre Chen-Stil des T'ai Ch'i Chuan enthält auch heute noch deutlich dynamische Elemente.

Der Yang-Stil entwickelte sich aus dem Chen-Stil und wurde von dem Altmeister Yang Lu-Chan (1799 bis 1872), der bei dem Altmeister der Chen-Familie Chen Chang-Xing (1771 bis 1853) diese Kampfkunst erlernt hatte, eingeführt. Er hat die Form modifiziert, um die darin enthaltenen Möglichkeiten zur Gesundheitserhaltung und zur Schulung des Körpers und des Geistes wirksamer hervorzuheben. Dadurch wurde Yang-Stil T'ai Ch'i Chuan leichter erlernbar und ist zur Zeit der in der ganzen Welt am meisten verbreitete Stil des T'ai Ch'i Chuan.

Neben Chen- und Yang-Stil sind weiter Sun-Stil und zwei verschiedene Wu-Stile als traditionelles T'ai Ch'i Chuan bekannt, zur Zeit aber sowohl in China als auch im Ausland noch nicht so populär. Der Sun-Stil wurde von dem Altmeister Sun Lu-Tang (1861 bis 1932), der eine Wu-Stil von dem Altmeister Quan You (1834 bis 1902) und der andere Wu-Stil von dem Altmeister Wu Yu-Xiang (1812 bis 1880) eingeführt.

Diese fünf traditionellen Familien (Chen-, Yang-, Sun- und zwei Wu-Familien) bilden die Hauptstilrichtungen des gesamten T'ai Ch'i Chuans. Von jeder Stilrichtung gibt es weitere Unterarten, die sich jedoch relativ ähnlich sind. Außerdem unterscheidet man nach der Reichweite der Armbewegungen und der Schritte drei verschiedene Bewegungsrahmen (Chinesisch Jia, gesprochen „Tsia"): großer, mittlerer und kleiner Rahmen.

1956 hat das nationale Sportkomitee der Volksrepublik China aus dem Yang-Stil eine kurze Form mit 24 Folgen (auch als kurze Peking-Form bekannt) zusammengestellt, um den Bedürfnissen der breiten Interessenten besser zu entsprechen. Dabei wurde die Form weiter vereinfacht, indem die Wiederholungen reduziert und viele schwierige Komponenten bzw. Folgen heraus genommen wurden. Dadurch bereitet es im Allgemeinen keine große Mühe, T'ai Ch'i Chuan zu erlernen. Die Wirkung sowohl auf die Gesundheitsförderung als auch auf die Schulung des Körpers und des Geistes wird bei dieser Kurzform allerdings kaum beeinträchtigt. Aufgrund ihrer geringen Dauer und ihrer leichten Erlernbarkeit wird diese Form als Standard in allen T'ai Ch'i Chuan-Schulen Chinas praktiziert. Dies hat für die schnelle und weltweite Verbreitung dieser Kurzform eine enorme Bedeutung.

Die in diesem Buch dargestellten Übungen stammen hauptsächlich aus dieser populären Kurzform des T'ai Ch'i Chuans bzw. aus dem Yang-Stil T'ai Ch'i Chuan: Nicht nur, weil es für die Leser dieses Buches einfacher ist, eine Schule oder eine Übungsgruppe für diese beiden Formen zu finden. Auch für Interessenten anderer Stile können viele der hier vermittelten Übungen als Basis dienen.

Heute wird T'ai Ch'i Chuan sowohl in China als auch im Ausland selten als Kampfsport ausgeübt. Vielmehr wird es wegen seiner gesundheitsfördernden und meditativen Wirkung erlernt und praktiziert. Einige Übende lehnen sogar ab bzw. wollen nicht wahrhaben, dass T'ai Ch'i Chuan aus der Kampfkunst hervorgegangen ist. Es ist jedoch ziemlich eindeutig, dass die meisten Bewegungen Elemente der Verteidigung und sogar des Angriffes enthalten. Auch die Prinzipien der Körperhaltung und der Bewegungsart stammen ohne Zweifel aus der chinesischen Kampfkunst. Doch sicherlich ist T'ai Ch'i Chuan, wenn es langsam und sanft ausgeführt wird, nicht geeignet, als Kampfsport oder zur Selbstverteidigung angewendet zu werden.

Um die Wirkung auf Gesundheit und Meditation genießen zu können, müssen die Übenden jedoch die Körperhaltung, die Schritte und die Armbewegung korrekt einnehmen bzw. ausführen können. Diese können leichter erlernt und richtig praktiziert werden, wenn die ursprünglichen Bedeutungen in der Kampfkunst bekannt und nachvollziehbar sind. Auf die Darstellung dieser Bedeutungen musste jedoch an dieser Stelle verzichtet werden, weil sie den Rahmen dieses Buches sprengen würde. Sie können aber selbst versuchen, den jeweiligen Sinn der Bewegungen zu ergründen. Sicherlich können Sie auch bei Ihren Lehrern bzw. Lehrerinnen hier und da Auskunft bekommen.

Charakteristika des T'ai Ch'i Chuan

T'ai Ch'i Chuan wird durch Entspannung und Harmonie, gleichmäßig fließende, natürlich runde Bewegungen und die Koordination des gesamten Körpers charakterisiert. Dies wird unter anderem durch folgende Kriterien bedingt:

- Alle Bewegungen werden vom Bewusstsein gesteuert. Dabei sind die Konzentrationsfähigkeit und das Vorstellungsvermögen entscheidend. Jede Bewegung wird erst mental, dann körperlich umgesetzt.
- Die Aufmerksamkeit und Konzentration sollten ganz auf die Vorstellung und die Ausführung der Bewegung gerichtet sein. Zu Beginn werden Sie sicherlich leicht abgelenkt werden, da die Koordination und Folge der Bewegungen noch ungeübt sind, später jedoch wird das Bewusstsein den Körper dirigieren, Vorstellung und Bewegung befinden sich im Einklang.
- Der Geist ist stets ruhig und gelassen, in einem meditativen, aufmerksamen Zustand.
- Entspannung bedeutet in diesem Kontext nicht, haltlos und schlaff zu sein. Der ganze Körper soll natürlich locker und frei beweglich sein. Für die Bewegungen soll nur so viel Kraft eingesetzt werden, wie erforderlich ist. Durch die richtige Dosierung erreichen Sie Jing-Kraft, das bedeutet, innere Kraft.
- Jede Übung betrifft den gesamten Organismus. Die Bewegung eines Körperteils folgt der eines anderen. Es heißt: „Wenn sich ein Teil des Körpers bewegt, befinden sich die restlichen nicht im Stillstand." Alle Bewegungen sind miteinander verbunden, folgen harmonisch aufeinander, gleichmäßig wie das fließende Wasser

eines Flusses. Geist, Atmung und Bewegung bilden eine Einheit, sind miteinander koordiniert.

- „Der ganze Körper wird von den Beinen über das Kreuz zu den Armen in einem Atemzug bewegt." Die Bewegungen werden aus dem Dantian gesteuert, so dass der Körper sich jederzeit in einer entspannten, stabilen Haltung befindet und die Bewegungen harmonisch, ohne zu stocken ausgeführt werden können.
- Es wird auf einen stabilen Stand und auf die Verteilung des Gewichts geachtet. Zu jeder Zeit sollte klar unterschieden werden, welches Bein das Gewicht trägt (Shi-Fülle) und welches Bein unbelastet ist (Xü-Leere). Der Wechsel des Gewichts vom einen auf das andere Bein geschieht fließend und sichert Ihnen so einen stabilen Stand. „Man schreitet wie eine Katze und bewegt die Hände wie beim Ziehen eines Seidenfadens aus dem Kokon." Das bedeutet, die Schritte sollen gewandt und stabil gesetzt werden, die Hände sich geschickt und präzise bewegen. Wenn der Körper sich nicht in Balance befindet, sind keine präzisen Bewegungen möglich, also sind ein entspannter und stabiler Stand Grundvoraussetzungen.
- Die Bewegungen sind immer rund, spiralförmig und sanft.
- Die Atmung ist natürlich, ruhig und tief. Später kann sie allmählich den Bewegungen angepasst werden.

Alle oben genannten Kriterien hängen eng zusammen und sind nicht voneinander zu trennen: Sind Sie innerlich unruhig, so werden Sie sich schlecht konzentrieren können, folglich können Sie die Bewegung nicht führen, es wird schwieriger, die Balance herzustellen, also spannt sich der Körper an und die Atmung ist nicht mehr natürlich.

Wirkungen des T'ai Ch'i Chuan

Schon seit Jahrtausenden ist in China bekannt, dass das regelmäßige Ausführen körperlicher Übungen viele vorhandene Krankheiten behandeln und beim Gesunden die Entstehung von Krankheit verhindern kann. T'ai Ch'i Chuan verbessert die Konstitution und beeinflusst die Funktionen von Nervensystem, Herz-Kreislauf-System, Atmung und Stoffwechsel.

- Beim T'ai Ch'i Chuan soll der Geist ruhig sein und der Wille die Bewegung führen. Da die geistige Aufmerksamkeit auf die Zentren des Gehirns gerichtet ist, die die Bewegung steuern, können sich die anderen Areale erholen, so dass sich der Übende hinterher vital und geistig frisch fühlt. Und nicht nur die geistige Präsenz wird zunehmen, auch die körperliche und seelische Balance wird ausgewogen, die Stimmung aufgehellt.

  Durch die bewusste Führung der Bewegung wird die Konzentrationsfähigkeit geschult und die Reaktionsfähigkeit gesteigert. Ebenso positiv beeinflusst T'ai Ch'i Chuan die physiologischen Aktivitäten des Organismus. Durch die Koordinierung verschiedener Körperteile und Organe, die in oft komplexen Bewegungsfolgen flüssig miteinander verbunden werden, wird das zentrale Nervensystem angeregt. Über die Anregung des zentralen Nervensystems werden auch viele Organfunktionen in ihrer Aktivität stimuliert.
- Die Atmung wird durch das Harmonisieren der Psyche und durch die Körperhaltung, die im T'ai Ch'i Chuan eingenommen wird, mit locker hängenden Schultern, aufgerichtetem Oberkörper, entspannter Brust und mit auf das Dantian im Unterbauch gerichteter Konzentration begünstigt. Es entwickelt sich eine ruhige, gleichmäßige Atmung, die mit den Bewegungen in harmonischer Verbindung steht. Nach längerer Zeit des Übens nimmt die Beweglichkeit des Brustkorbs zu, das Lungengewebe

bleibt elastisch, die Lunge kann besser gefüllt werden, die Atemfrequenz sinkt, die Durchlüftung der Lunge und der Gasaustausch steigen jedoch an, so dass die allgemeine Belastbarkeit vergrößert wird.

- Das Kreislaufsystem wird über die gleichmäßige tiefe Atmung und die Regulierung des vegetativen Nervensystems ebenfalls positiv unterstützt. Das Herz wird besser mit Sauerstoff versorgt, der venöse Rückfluss zum Herzen wird verstärkt, der Blutdruck sinkt, die Gefäßwände entspannen sich und der Lymphabfluss nimmt zu.
- Die vertiefte Atmung stimuliert das Verdauungssystem mechanisch im Sinne einer Selbstmassage, des weiteren regt die Aktivierung des Nervensystems alle Verdauungsfunktionen an.
- Über die Funktionssteigerung und die bessere Durchblutung der Organe wird der Stoffwechsel verbessert.
- Durch die sanft fließenden runden Bewegungen werden alle Muskeln des Körpers ohne Anstrengung beansprucht und der Bewegungsapparat unterstützt. Muskeln, Bänder, Gelenke und Knochen bleiben stabil und elastisch. Die Wirbelsäule wird gerade aufgerichtet und das Becken leicht nach vorne und oben gekippt, so dass die Lendenwirbelsäule senkrecht auf dem Kreuzbein ruht. Die Bewegungen werden aus dem Becken und der Wirbelsäule gesteuert, wodurch die Form und Funktion der Wirbelsäule günstig beeinflusst werden.

Allgemeine Übungsanleitung

Vorgehensweise bei der Übung

Ähnlich wie bei anderen Übungen auch brauchen Sie Zeit und Geduld, um T'ai Ch'i Chuan durch wiederholtes Üben Schritt für Schritt zu erlernen. Um T'ai Ch'i Chuan wirklich praktizieren zu können, müssen Sie unter anderem wissen, wie die Bewegungen auszuführen sind. Sie werden bald feststellen, dass Sie dazu viel Übung benötigen. Daher empfiehlt es sich, Folgendes zu beachten:

- Nehmen Sie sich genügend Zeit, um das Erlernte zu üben.
- Versuchen Sie nicht, mehr zu erfassen, als Sie tatsächlich aufnehmen können.
- Achten Sie so genau wie möglich auf alle Details.
- Üben Sie die Einzelheiten der Bewegungen so exakt, wie es Ihnen möglich ist.
- Beginnen Sie keine neue Bewegung, bevor Sie sich mit dem bisher Erlernten intensiv auseinandergesetzt und sich damit vertraut gemacht haben.

Denken Sie daran, dass die Bewegungen beim T'ai Ch'i Chuan, auch die hier vermittelten, aufeinander abgestimmt sind und aufeinander aufbauen. Daher hat es wenig Sinn, mit einer neuen Bewegung zu beginnen, wenn Sie die bisher erlernten Bewegungen noch nicht sicher ausführen können.

Versuchen Sie herauszufinden, wie Sie am leichtesten lernen. Wenn Sie eine Bewegung zuerst verstehen müssen, bevor Sie sie ausführen können, dann nehmen Sie sich Zeit dafür. Fragen Sie sich selbst oder Ihren Lehrer, was für eine Bewegung es ist und welchen

Sinn sie erfüllt. Danach können Sie die Bewegung genauer nachvollziehen und dadurch richtig ausführen.

Wenn Sie durch häufige Wiederholungen am besten lernen können, üben Sie die Bewegung so oft, bis Sie das Gefühl haben, sie richtig ausführen zu können. Jedoch sollten Sie vorher und auch während der Übung die Beschreibung genau durchlesen, um alles richtig zu machen und gegebenenfalls Korrekturen vornehmen zu können.

Wenn Sie durch Beobachten bzw. Zuschauen gut lernen können, sollten Sie sich die Übung von jemandem zeigen lassen. Auch Videoaufnahmen können Ihnen hier hilfreich sein.

Lern- und Reifungsphasen

Im Allgemeinen wird das Erlernen des T'ai Ch'i Chuan in drei Phasen eingeteilt. Im Folgenden werden die wichtigsten Hinweise für die jeweiligen Lern- bzw. Reifungsphasen dargestellt.

Erste Phase

In dieser Phase, in der Sie beginnen, T'ai Ch'i Chuan zu üben, ist es sehr wichtig, sich eine solide Basis zu verschaffen. Für die weitere Entwicklung und die korrekte Ausführung ist dies unabdingbar. Versuchen Sie, die wichtigsten Kriterien für die jeweilige Bewegung und Körperhaltung zu begreifen. Erarbeiten Sie sich schrittweise Stand, Schritte, die Bewegungen von Körper, Armen und Händen und zum Schluss die Blickführung. Dabei sollten Sie die folgenden Punkte beachten:

Aufgerichtet sein

Beim T'ai Ch'i Chuan spielt der Rumpf mit Schulter- und Beckengürtel eine Schlüsselrolle. Er stellt die Verbindung her und überträgt Bewegung und Dynamik auf Beine und Arme. Daher ist eine aufrechte, natürlich entspannte Körperhaltung besonders wichtig. Richten Sie Ihre Wirbelsäule auf, ohne gegen ihre natürlichen Biegungen zu arbeiten, indem Sie den Kopf und die Halswirbelsäule senkrecht nach oben schieben, also den Scheitel nach oben strecken. Halten Sie dabei das Kinn zurück, drücken es aber nicht gegen Ihren Hals.

Anschließend entspannen Sie sich, ohne die Haltung der Wirbelsäule zu verändern. Lassen Sie Schultern und Ellenbogen hängen. Entspannen Sie die Hüftgelenke und kippen das Kreuzbein ein wenig nach vorne, so dass seine Spitze zum Boden gerichtet wird. Drehen Sie das Kreuzbein jedoch nicht zuviel, um den Beckengürtel nicht zu blockieren. Auch sollten Sie vermeiden, im Hohlkreuz zu stehen.

Nun geben Sie die Spannung in den Hüftgelenken, im Gesäß und in den Beinen ab, ohne die Haltung des Kreuzbeins zu verändern. Lassen Sie das gesamte Körpergewicht nach unten sinken, indem Sie alle Gelenke lockerlassen. Die Verlagerung des Körpergewichts auf beide Füße ist sehr wichtig für einen stabilen Stand und die Beweglichkeit.

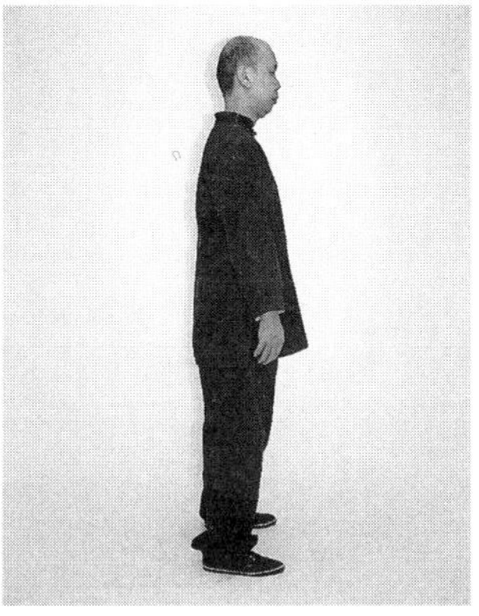

Auch die Haltungen von Armen, Händen, Beinen und Füßen, die bei den einzelnen Bewegungen eingenommen werden, müssen genau beachtet werden, denn jeder Teil des Körpers nimmt Einfluss auf die anderen Teile. Wenn Sie also mit einem Körperteil nicht richtig arbeiten, werden die Haltungen und Bewegungen des ganzen Körpers beeinträchtigt. So entstehen leicht Fehlhaltungen in den Hüften, in der unteren Wirbelsäule, in Brust und Bauch etc. Ihre Muskeln werden gezwungen, die ungünstige Haltung durch Mehraufwand auszugleichen. So können ungewollt Verspannungen entstehen.

Nehmen Sie sich also unbedingt die Zeit, um die richtige Körperhaltung einzunehmen und sie zwischendurch immer wieder zu überprüfen.

Stabiler Stand und sicherer Schritt

Der stabile Stand ist die Voraussetzung dafür, dass die Wirbelsäule aufgerichtet werden kann und die Bewegungen des Rumpfs mit Armen, Händen, Beinen und Füßen sicher und gewandt ausgeführt werden können. Dabei ist entscheidend, dass Sie Ihr Körpergewicht exakt einsetzen. Bevor Sie vorwärts, rückwärts oder seitwärts gehen, verlagern Sie Ihr gesamtes Gewicht auf den stehenden Fuß. Bei den Schritten setzen Sie den Fuß genauso ab, wie es beschrieben wird. Der Abstand zwischen beiden Füßen sollte in der Länge und in der Breite genau eingehalten werden. Das Gleiche gilt für den Winkel, in dem der Fuß nach außen oder innen gedreht wird.

Halten Sie sich nicht an die Angaben, so wird Ihre Stabilität beeinträchtigt oder die nächste Bewegung erschwert.

Benutzen Sie die von der Natur geschaffenen drei Stützpunkte Ihrer Fußsohlen und verteilen das Körpergewicht darauf.

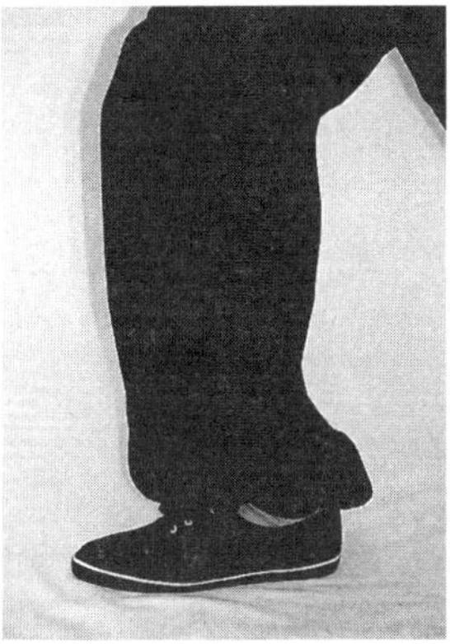

Beugen Sie das Knie nach vorne, so dass es sich über der Fußspitze befindet.

Achten Sie darauf, dass die Achse des Beines senkrecht zu dem tragenden Fuß steht.

Entspannen Sie den ganzen Körper, damit Ihr Schwerpunkt nach unten sinken kann. So schaffen Sie sich ein Fundament, auf dem Sie sicher und stabil stehen können.

Erst, wenn Sie so stabil wie möglich stehen und so sicher wie möglich gehen können, nehmen Sie die Armbewegungen hinzu. Es ist vorteilhaft, wenn Sie die in diesem Buch vorgestellten Basisübungen im Stehen und Gehen lange genug geübt und ausreichend Erfahrungen damit gesammelt haben, bevor Sie zu den aufbauenden Übungen übergehen bzw. eine T'ai Ch'i Chuan-Form erlernen. Die Basisübungen verschaffen Ihnen außerdem Kraft und Ausdauer für Ihre Beine. Das ist sehr wichtig, wenn Sie sich mit T'ai Ch'i Chuan befassen.

Entspannung und Sanftheit

Oft bewegen Übende am Anfang die Arme mit zu viel Kraft und bleiben in den Beinen zu unbeweglich. Das ist nicht nur anstrengend, sondern erzeugt auch innere Spannung. Ihre Standstabilität und Ihre innere Ruhe werden dadurch beeinträchtigt.

Daher ist es unbedingt ratsam, vor allem am Anfang verstärkt auf Entspannung zu achten. Entspannung bedeutet allerdings nicht Schlaffheit. Eine natürliche Aufrichtung Ihres Körpers und einen stabilen Stand, wie oben beschrieben, sollten Sie sich bewahren, doch sollte die Haltung trotzdem bequem und beweglich sein. Sorgen Sie stets dafür, dass Sie Schultern und Ellenbogen hängen lassen und Gesäß, Hüfte und Beine lockern. Bewegen Sie Ihre Hände und Arme so sanft wie möglich. Setzen Sie dabei nur so viel Kraft ein, wie für die Bewegung gebraucht wird – nicht zu viel, aber auch nicht zu wenig. Damit die Bewegungen nicht steif werden, sollten Sie gerade zu Beginn ruhig langsam üben, damit Sie die Kraft richtig dosieren können.

Zweite Phase

Wenn Sie so stehen können, wie in der ersten Phase beschrieben, und auch die einzelnen Bewegungen schon ausführen können wie angegeben, versuchen Sie jetzt, die Bewegungen zu verfeinern. In dieser Phase sollten Sie sich bemühen, die einzelnen Bewegungen miteinander zu verbinden, den Rhythmus der Bewegungen zu finden und die verschiedenen Körperteile bzw. Bewegungen miteinander zu koordinieren.

Bewegungsfluss

Beim T'ai Ch'i Chuan sind die Bewegungen miteinander verbunden, sie sollen sich ohne Unterbrechung aneinanderreihen wie der Strom eines Flusses. Das Ende der einen Bewegung ist zugleich der Anfang der nachfolgenden.

Einerseits sollten Sie die Bewegung sich am Ende setzen lassen, um zu zeigen, dass sie vollendet ist. Andererseits setzen Sie sie umgehend fort, ohne wirklich inne zu halten. Jede Bewegung sollte deutlich und vollständig gezeigt werden, gleichzeitig sollen die Bewegungen ohne Bruch wie eine Kette aufeinander folgen. Dies begreift man beim T'ai Ch'i Chuan als Rhythmus der Bewegung.

Koordination

Die Bewegungen des T'ai Ch'i Chuan sind nicht voneinander isoliert. Vielmehr werden sie im Verbund ausgeführt. Die obere Körperhälfte (Kopf, Schulter, Rücken, Arme und Hände) und die untere Körperhälfte (Lenden-Kreuz, Hüften, Beine und Füße) sollen miteinander koordiniert werden. Die Bewegungen Ihrer Arme und Hände sind organisch abgestimmt auf die Bewegung Ihrer Beine, Füße und Ihres Rumpfes. Und umgekehrt folgen Ihre Schritte der Dynamik von Rumpf, Armen und Händen. So bewegen Sie sich ganzheitlich koordiniert, als führten Ihre Hände, Arme, Füße und Beine über die Vermittlung des Rumpfes einen harmonischen Dialog miteinander.

Lebendige Rundung

Mit wenigen Ausnahmen werden alle Bewegungen beim T'ai Ch'i Chuan bogenförmig, spiralartig ausgeführt. Dabei werden weniger Arme und Beine isoliert im Kreis bewegt, sondern die Bewegungen kommen dadurch zustande, dass die Lendenwirbelsäule und die Hüften eingesetzt werden. Arme und Beine folgen den Bewegungen. Schulter- und Beckengürtel übermitteln die Impulse der Wirbelsäule und übertragen sie an Arme und Beine. Nur so werden die Bewegungen von Händen und Füßen rund und lebendig.

Vermeiden Sie geradlinige Bewegungen. Runde Bewegungen entsprechen der natürlichen Beweglichkeit der Gelenke und unterstützen so ein physiologisches Training.

Dritte Phase

Diese Phase wird von T'ai Ch'i-Übenden als Phase der Reifung angesehen. Basierend auf der nun erworbenen Vertrautheit mit den Bewegungen üben sie mit bewusster Führung und Imagination, mit der Qi-Lebenskraft und der Atmung sowie mit der inneren Jing-Kraft. Folgende Ziele sollten Übende sich vor Augen halten:

Das Harte und das Weiche ergänzen sich

Beim T'ai Ch'i Chuan wird Wert darauf gelegt, zwischen „Fülle" (Shi) und „Leere" (Xü) exakt zu unterscheiden, wobei beide dennoch fließend miteinander verbunden sind.
„Shi-Fülle" bedeutet in diesem Zusammenhang unter anderem:

- das Ende eines Bewegungsablaufs bzw. der Anfang des nächsten,
- das Bein, das steht bzw. das Gewicht trägt,
- der die Hauptbewegung ausführende Arm.

„Xü-Leere" bedeutet unter anderem:

- die Übergänge bzw. die Abläufe der Bewegung,
- das sich aktiv bewegende Bein bzw. das Bein, das kein Gewicht trägt,
- der die Bewegung ergänzende bzw. begleitende Arm.

Die klare Unterscheidung von „Shi-Fülle“ und „Xü-Leere“ ist entscheidend für den Einsatz der Kraft beim T'ai Ch'i Chuan und für den Wechsel von Anspannung und Entspannung. Bei „Shi-Fülle“ sollten Sie Ihre Kraft dosiert einsetzen. Dadurch wird die Bewegung bzw. Haltung mit Gewicht gefüllt und schwer. Es entsteht eine eigene Spannung, ohne dass Sie sich an- oder sogar verspannen. Bei „Xü-Leere“ nehmen Sie Ihre Kraft aus der Bewegung heraus, so dass Haltung und Bewegung leicht und gewandt werden. So können Sie sich entspannen, ohne dabei schlaff zu werden.

Am Ende eines Bewegungsablaufs oder einer Folge lassen Sie die Gelenke und die Hüfte locker sinken, um so Stabilität zu gewinnen. Bei der Ausführung einer Bewegung sollten Sie alle Gelenke, Arme, Beine und Rumpf loslassen, um sich sanft, ruhig und gewandt bewegen zu können. Beim Übergang von „Xü-Leere“ zu „Shi-Fülle“ setzen Sie den Unterarm mit passend dosierter Kraft ein. Dadurch werden Finger und Hand leicht gestreckt bzw. geöffnet oder die Faust gewinnt an Spannung. Bei dem Übergang von „Shi-Fülle“ zu „Xü-Leere“ reduzieren Sie die Kraft bzw. Spannung im Unterarm. Dadurch lockern sich Finger und Hand ganz von selbst. So beginnen Sie, mit innerer Jing-Kraft zu arbeiten. Wenn Sie die Wandlung zwischen „Shi-Fülle“ und „Xü-Leere“ auf diese Weise gestalten, dann wechseln sich hart und weich, Anspannung und Entspannung ab, ohne dabei einen Bruch in der Bewegung zu zeigen.

So können Sie T'ai Ch'i Chuan mit sicherem Stand, stabil, aber mit Leichtigkeit und Exaktheit üben. Ihre Bewegungen wirken klar und gewinnen an Gehalt.

Organische Einheit

Neben dem Zusammenspiel von hart und weich im Sinne von „Shi-Fülle“ und „Xü-Leere“ verlangt T'ai Ch'i Chuan weiterhin eine organische Einheit der Bewegungen, so dass im Bewegungsfluss kaum Unterbrechungen sichtbar sind. Dies haben Sie auch in der zweiten

Phase schon unter dem Begriff „Bewegungsfluss" geübt und können es nun verfeinern.

Die Bewegungen von Armen und Händen werden durch den Impuls von Füßen und Beinen eingeleitet. Dabei dient die Wirbelsäule samt Becken- und Schultergürtel als Übertragungsglied einer Bewegungskette. Hierbei spielen Lendenwirbelsäule, Hüftgelenke und Becken die zentrale Rolle. Die Einheit unseres Körpergerüsts wird als Achse für die Bewegungen eingesetzt.

Die Drehungen im Beckengürtel stehen in Übereinstimmung mit dem Beugen oder Strecken der Beine, dem Drehen der Füße nach innen oder außen und mit dem Verlagern des Körpergewichts nach hinten oder vorne. Ebenso stehen die Bewegungen der Arme und Hände im harmonischen Zusammenhang mit dem Beckengürtel. So verbinden sich die Bewegungen der Füße und Beine über den Beckengürtel mit den Bewegungen der Arme und Hände.

Die Betonung der Impulse von den Beinen in die Hände bedeutet jedoch nicht, dass der Einsatz der Arme und Hände vernachlässigt werden sollte. Selbst zwischen den einzelnen Teilen der Arme und Hände sollte die oben beschriebene Übereinstimmung im Sinne eines Dialogs gewährleistet sein. Wenn Sie den Arm nach innen drehen (Pronation), wird diese Bewegung durch die Handkante und den kleinen Finger initiiert. Bei der Außendrehung (Supination) wird die Bewegung durch den Daumenballen und den Daumen eingeleitet.

Wenn Sie eine Hand vorwärts schieben, sollten Sie dabei das Handgelenk benutzen und dieses leicht senken, so dass die mittleren drei Finger auf natürliche Weise nach oben gestreckt werden. Dadurch kann die eingesetzte Jing-Kraft bis zu den Fingerspitzen weitergeleitet werden.

Nur auf diese Weise können Sie den Fluss der unterschiedlichen Bewegungen beim T'ai Ch'i Chuan ermöglichen, ohne dass sie undeutlich oder verschwommen werden.

Yi-Bewusstheit/geistige Präsenz

Beim T'ai Ch'i Chuan soll nicht nur die volle Aufmerksamkeit auf die Ausführung gerichtet werden, sondern zusätzlich soll jede Bewegung mit der jeweiligen Bedeutung verknüpft werden. Wenn Sie Lü (Zurückrollen) ausführen, stellen Sie sich vor, etwas, zum Beispiel den Arm eines Partners, mit beiden Händen zu packen und an sich vorüber zu ziehen. Wenn Sie An (Stoßen) üben, stellen Sie sich vor, den Körper des Partners mit den Händen wegzuschieben.

Nur so können Sie die Bewegungen nicht nur korrekt ausführen, sondern auch sichtbar machen, welche Bewegung Sie machen. Außerdem erfüllen Sie auf diese Weise ein Kriterium des T'ai Ch'i Chuan: „Wenn Yi in Aktion tritt, dann folgt der Körper" und „Wenn Yi (an einem Körperteil) ankommt, dann kommt die Jing-Kraft dorthin". Wenn das Yi (Bewusstheit) die Bewegungen auf diese Weise leiten kann, ermöglicht es nicht nur, die Jing-Kraft richtig einzusetzen und sich exakt zu bewegen. Es ist außerdem vorteilhaft für die Gesundheit, denn das Zentralnervensystem wird so reguliert und damit auch die Funktionen der verschiedenen Organe.

Yi (Bewusstheit, geistige Präsenz) auf die Haltungen und Bewegungen zu konzentrieren, bedeutet nicht, dass Sie sich anspannen. Die Konzentration von Yi geht Hand in Hand mit der Jing-Kraft, die durch Anspannung und Entspannung in den Bewegungen auf natürliche Weise entsteht. So ergibt sich ein rhythmischer Wechsel, eine Harmonie zwischen Konzentration und Entspannung.

Yi und Jing-Kraft sollen sich wechselseitig ergänzen und unterstützen, so dass das Kriterium des T'ai Ch'i Chuan „stabiler Stand, jedoch nicht steif – leicht und locker, jedoch nicht entwurzelt" erfüllt wird.

Gewöhnlich wird die Jing-Kraft durch Yi eingeleitet und die Bewegungen entstehen aus der Jing-Kraft. Die Bewegungen werden zuerst durch Konzentration und Vorstellung in den Gedanken geformt und dann im Körper sichtbar gemacht. Dadurch bleibt die Jing-Kraft in unterschiedlicher Stärke bei Änderungen der Bewegung bestehen. Die Veränderung der Jing-Kraft wird durch Yi fließend verbunden.

Die drei Aspekte Yi (Bewusstheit), Jing-Kraft und Bewegung sollen jedoch nicht voneinander getrennt werden, obwohl sie je nach Bedürfnis unterschiedlich betont werden. Der Wechsel im Yi-Gedanken zeigt sich sofort in der Dosierung der Jing-Kraft und in der Gestaltung von Körperhaltung und Bewegung. Sie sollten nicht einseitig Xü (Leere) und innere Ruhe oder Shi (Fülle) und Konzentration betonen. Vielmehr sollten diese verschiedenen Kriterien eine organische Einheit miteinander bilden.

Natürliche Atmung

Im Grunde genommen soll die Atmung beim Üben des T'ai Ch'i Chuan nicht viel anders sein als im Alltag, nämlich ruhig, gleichmäßig, natürlich und so tief wie möglich, jedoch ohne Anstrengung. Die Gedanken folgen dabei den Bewegungen des Zwerchfells. So wie das Qi ins Dantian herabgeführt wird. Die tiefe Atmung stimuliert die Bauchorgane und das Nervensystem und ruft ein warmes, wohliges Qi-Gefühl im Unterbauch hervor. Gerade am Anfang sollten Sie hauptsächlich auf die Natürlichkeit der Atmung achten, das heißt nicht forciert und nicht hastig atmen. Wichtig ist, dass Sie dafür sorgen, den Atem nicht vor lauter Konzentration anzuhalten. Dies können Sie vermeiden, indem Sie ruhig ausatmen, sobald Sie eine Unstimmigkeit in der Atmung oder einen Druck im Brustkorb spüren.

Wenn Sie sich mit T'ai Ch'i Chuan schon ein wenig vertraut gemacht haben, können Sie damit beginnen, die Atmung bewusst einzusetzen, um die Körperhaltung, die Bewegung sowie die Dosierung der Jing-Kraft zu begünstigen.

Wenn eine Bewegung im Begriff ist, vollzogen zu werden oder eine Haltung im Begriff ist, eingenommen zu werden, so wird im T'ai Ch'i Chuan erwartet, dass die Stabilität sichergestellt und die Jing-Kraft voll vorhanden ist. Hier befinden Sie sich an einem Punkt der Wandlung von Xü (Leere) zu Shi (Fülle). Dann können Sie gezielt langsam und ausgiebig ausatmen. Dies hilft, den Körper zu entspannen, den Schwerpunkt nach unten zu verlagern und die Jing-Kraft zu vermehren. Wenn Sie von einer Bewegung in die nächste übergehen, reduzieren Sie im Allgemeinen die Jing-Kraft und öffnen den Brustkorb. Hier wandelt sich Shi (Fülle) in Xü (Leere). Nun können Sie durch Einatmen die Bewegung begünstigen und Leichtigkeit ermöglichen.

Der Einsatz der Atmung im T'ai Ch'i Chuan entspricht ganz den physiologischen Regeln bei körperlicher Aktivität. Doch der Einsatz der Atmung ist nicht starr festgelegt, denn die Zusammensetzung der Bewegungen beim T'ai Ch'i Chuan richtet sich nicht nach dem Atemrhythmus. Die Bewegungen dauern einerseits unterschiedlich lang, andererseits ist der Atemrhythmus von Mensch zu Mensch verschieden. Insofern ist es kaum möglich, eine einheitliche Bestimmung für die Atmung festzulegen. Daher soll die Atmung eher in Situationen wie der oben beschriebenen bewusst eingesetzt werden. Bei Übergängen sollten Sie frei und natürlich ein- und ausatmen und gegebenenfalls ruhig Atemzüge zwischen die bewusst gesteuerten einfügen. Vertrauen Sie darauf, dass der Körper intuitiv die Atmung nach seinen Bedürfnissen richtet. Nur so kann T'ai Ch'i Chuan „das Qi stärken und nicht schädigen". Auch soll die Atmung der übenden Person angepasst werden. Für Menschen mit relativ schwacher Konstitution und Patienten, die mit T'ai Ch'i Chuan ihre Behandlung unterstützen wollen, ist es ratsam, nicht mechanisch, stur und zwanghaft zu atmen. Hier ist eine freie natürliche Atmung besser geeignet.

Übungszeiten

Den Zeitpunkt, wann Sie T'ai Ch'i Chuan üben, können Sie weitgehend frei nach Ihren individuellen Möglichkeiten und Bedürfnissen wählen. Dabei ist es relativ gleich, ob Sie früh am Morgen, am Nachmittag oder am Abend üben. Wichtig ist, dass Sie bei der Übung ungestört ruhig bleiben und sich voll konzentrieren können. Außer der Zeit, sich körperlich zu lockern, brauchen Sie rund 10 bis 20 Minuten, um eine kleine neue Lektion zu erlernen. Sie sollten dabei Ihre Aufnahmefähigkeit nicht überschätzen. Nehmen Sie sich lieber etwas weniger vor, was Sie aber gut aufnehmen und verarbeiten können, als etwas zu viel, das Ihre Aufnahme- bzw. Merkfähigkeit überstrapaziert. Denken Sie daran, dass es mehr Spaß macht, wenn Sie nicht unter Stress lernen und üben müssen. Auch wenn Sie jedes Mal nur eine einzige Bewegung oder eine einzige neue Körperhaltung erlernen, werden Sie das ganze Übungsprogramm dieses Buches allmählich lernen können. Es tut nichts zur Sache, wie schnell Sie das ganze Übungsprogramm erlernen. Viel wichtiger ist, dass Sie es gründlich und exakt beherrschen. Denn die Korrektheit der Körperhaltung, der Schritte und der Armbewegungen ist entscheidend dafür, ob und wieviel Nutzen Sie aus diesem Übungsprogramm ziehen können.

Bevor Sie etwas Neues dazu lernen, sollten Sie sich ruhig genug Zeit nehmen, um das bisher Erlernte durch stetige Wiederholung zu verarbeiten. Sie benötigen einen gewissen Zeitraum, um die erste

Phase der oben dargestellten drei Lern- bzw. Reifungsphasen beim T'ai Ch'i Chuan zu erreichen. Je nach Intensität und Ihrem ganz persönlichem Fortschritt können das bei einer täglichen Übungszeit von 10 bis 20 Minuten drei bis vier Tage oder 15 bis 20 Tage sein.

Je mehr Übungen Sie erlernt haben, desto mehr Zeit benötigen Sie für die Wiederholung und Festigung des Gelernten. Überlegen Sie sich, ob es Ihnen nicht doch möglich ist, zusätzliche 10 Minuten zu üben.

Erst wenn Sie mit dem bisher Erlernten keine Mühe mehr haben, können Sie eine kleine, neue Lektion dazu nehmen.

Wie lang und wie intensiv Sie jeweils üben, ist unter anderem abhängig von Ihrer eigenen Belastungsfähigkeit. Die oben erwähnte reine Übungsdauer von 10 bis 20 Minuten können durchschnittlich gesunde Menschen ohne Probleme verkraften. Wenn Sie körperlich geschwächt oder älter sind, sollten Sie sich an Ihrer individuellen Belastbarkeit orientieren.

Wenn Sie sich nach oder während der Übung unwohl fühlen, zum Beispiel schwindelig, übermüdet, schweißgebadet oder kurzatmig sind, liegt hier mit hoher Wahrscheinlichkeit eine Überbelastung vor. Eine Kontrollmöglichkeit ist, Ihre Pulsfrequenz zu messen. Wenn sie nach der Übung um mehr als 20 Schläge pro Minute gesteigert ist im Vergleich zu dem Wert, den Sie vor dem Üben gemessen haben, dann ist es ein Zeichen der Überbelastung. In diesem Fall sollten Sie Ihr Belastungspensum reduzieren, zum Beispiel die Übungsdauer verkürzen, häufiger eine Verschnaufpause einlegen, oder weniger tief beugen. Es ist besser, mäßig aber regelmäßig als zu viel auf einmal zu üben. Denn die Überbelastung kann Ihrer Gesundheit mehr Schaden als Nutzen bringen.

Wenn Sie an einer chronischen Erkrankung leiden wie z. B. Herzfunktionsschwäche, Herzkranzgefäß-Erkrankung, Bluthochdruck (Hypertonie) oder Zuckerkrankheit (Diabetes mellitus), so sollten Sie Ihren behandelnden Arzt vorher über das Belastungspensum konsultieren.

Wenn Sie die oben genannten Hinweise beachten, werden Sie sich nach jeder Übung körperlich wohl und psychisch ausgeglichen fühlen. Bei regelmäßiger Übung können Sie unter anderem Ihre Gesundheit stabilisieren und Ihre Stresstoleranz erhöhen.

Basisübungen

Die Basisübungen erleichtern den Einstieg ins T'ai Ch'i Chuan. Sie stellen eine wichtige Grundlage für eine natürlich aufrechte Körperhaltung und eine stabile körperliche und geistige Verfassung dar. Außerdem sind sie maßgeblich für die Vertiefung der technischen Fähigkeiten beim T'ai Ch'i Chuan.

Die hier ausgewählten Übungen berücksichtigen nicht nur die wichtigsten Elemente des T'ai Ch'i Chuan, sondern dienen vielmehr dazu, seine drei elementaren Komponenten miteinander zu koordinieren: Yi-Bewusstheit, Qi-Vitalkraft und Jing-innere Kraft.

Sind diese drei Grundelemente harmonisch verbunden, so stabilisiert sich die körperliche und geistige Verfassung, die Bewegungen werden sicher und gewandt, weich und hart spielen harmonisch zusammen und die innere Jing-Kraft kann richtig dosiert werden. So können Sie als T'ai Ch'i-Übender Ihren Körper gezielt und genau einsetzen. Mit etwas Übung werden Sie in der Lage sein, Bewegungen sanft, rund, exakt und sicher auszuführen, Ihr Gleichgewicht in jeder Lage mühelos aufrechtzuerhalten, sich zugleich bequem und leicht in alle Richtungen zu orientieren sowie den ganzen Körper aus einem sicheren Stand heraus zugleich mit den Armen bewegen zu können. Daher ist es wichtig, die Basisübungen von Grund auf zu erlernen und ausreichend zu üben, bevor Sie die nächsten Übungsreihen beginnen.

Zu Beginn einer jeden Übung sollten Sie sich auf die Übung vorbereiten, indem Sie ruhig atmen und entspannt stehen, bis Sie innerlich gelöst und konzentriert sind und bereit sind, langsam und meditativ zu üben. Auch Ihre Körperhaltung sollten Sie korrekt einnehmen: Strecken Sie die Wirbelsäule, indem Sie den Scheitel ein wenig nach oben schieben und dabei das Kinn zurückhalten. Ihr Blick ist gerade nach vorne gerichtet. Um nicht im Hohlkreuz zu stehen, kippen Sie das Becken etwas nach vorne und entspannen die Hüftgelenke, so dass das Kreuzbein locker nach unten hängen kann. Die Knie sind leicht gebeugt, Schultern, Ellenbogen und Handgelenke entspannt. Ihre Aufmerksamkeit richtet sich auf das Dantian, das Energiezentrum, das in Ihrem Bauch drei Finger unterhalb des Nabels liegt. Diese Körperhaltung nehmen Sie zu Beginn jeder Übung und auch zum Abschluss ein.

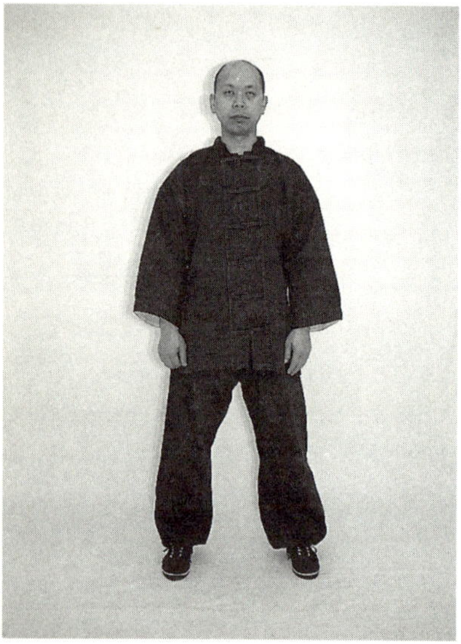

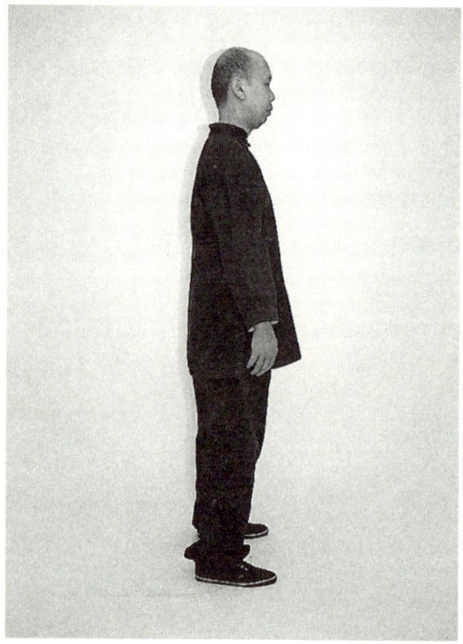

1. Wujizhuang „Die Stehende Säule“

Bei dieser Übung stellen Sie die Füße parallel zueinander so hin, dass ihr Abstand der Breite Ihrer Schultern entspricht. Beugen Sie Ihre Knie und lösen Sie Ihre Hüftgelenke, so dass Ihr Kreuz entspannt nach unten hängen kann. Lassen Sie Ihr Körpergewicht auf Ihre Füße herabsinken und verteilen Sie das Gewicht auf beide Füße.

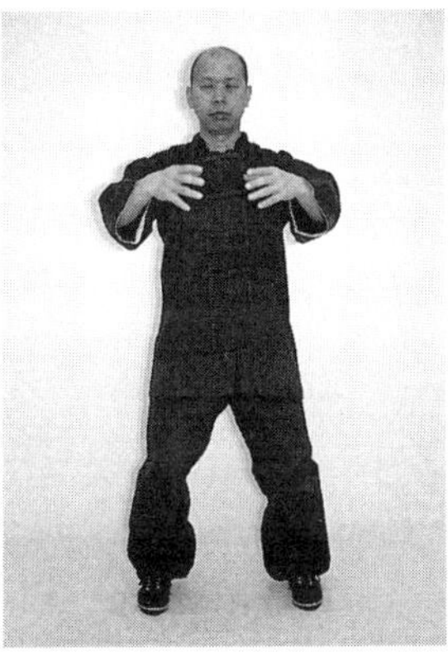

Heben Sie Ihre Arme vor die Brust und beugen sie leicht an, so dass sie zusammen einen runden Kreis bilden. Öffnen Sie Ihre Finger locker und richten die Hände mit einem Abstand von etwa 20 Zentimeter zueinander auf Ihren Körper, so dass es aussieht, als hielten Sie zwischen Ihren beiden Händen einen Ball in der Luft.

Ohne einen Punkt zu fixieren, schauen Sie mit offenem Blick nach vorne in die Ferne. Strecken Sie die Halswirbelsäule, indem Sie den Scheitel nach oben schieben und dabei das Kinn zurück halten, so dass das Gesicht nach vorne gerichtet und der Rumpf aufgerichtet ist. Lassen Sie Schultern und Ellenbogen hängen und entspannen Sie Hüftgelenke sowie Beine.

Jetzt mobilisieren Sie Ihre gesamte Aufmerksamkeit und bleiben damit im Dantian, das in Ihrem Bauch etwa drei Finger unterhalb des Nabels liegt. Atmen Sie ganz natürlich ruhig durch die Nase ein und aus.

Am Anfang genügt es, wenn Sie fünf bis sieben Minuten so stehen, nach und nach können Sie die Zeit auf 15 Minuten steigern. Ebenso können Sie auch Ihre Knie mit der Zeit tiefer beugen und die Arme höher heben. Jedoch sollten Sie darauf achten, daß Sie die Knie nicht über die Fußspitzen hinaus beugen und die Hände nicht über Schulterhöhe heben.

2. Kaihezhuang „Öffnen und Schließen“

Gehen Sie von der ersten Übung „Stehende Säule“ (Wujizhuang) auf Seite 33 aus.

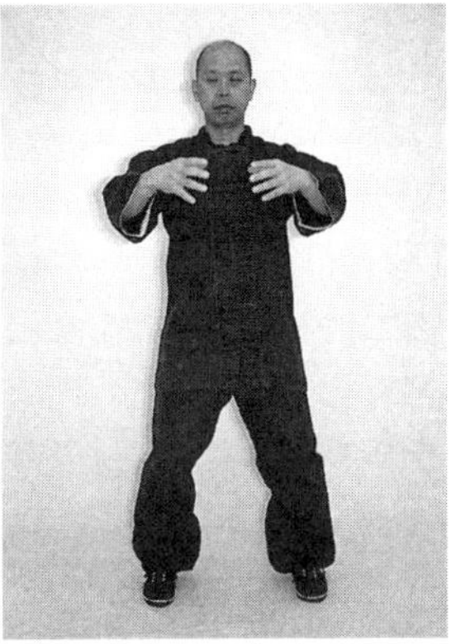

Beim Einatmen führen Sie die Hände auseinander, bis sie etwa schulterbreit geöffnet sind und der Kreis, den die Arme bilden, vergrößert wird.

Beim Ausatmen führen Sie die Hände in die Ausgangsposition zurück. Mit dem nächsten Atemzug wiederholen Sie die Übung. Die Atmung sollten Sie nicht forcieren. Sie wird sich mit der Zeit von selbst vertiefen und durch das wiederholte Üben ruhiger und stabiler werden.

Am Anfang genügt es, diese Übung zwei bis drei Minuten lang auszuführen. Später können Sie die Übungsdauer auf sechs bis acht Minuten steigern.

3. Xubuzhuang „Der leere Schritt"

Nehmen Sie die Ausgangsposition ein. Die Fersen berühren sich, während die Fußspitzen in einem Winkel von 30 bis 40 Grad auseinander gebracht werden. Legen Sie die Hände auf den Rücken, wobei eine locker von der anderen gehalten wird und die Handflächen nach außen zeigen. Es ist auch möglich, die Hände frei neben den Beinen hängen zu lassen oder übereinander, mit zum Körper gerichteten Handflächen, unterhalb des Nabels auf den Bauch zu legen. Ihr Blick ist nach vorne gerichtet. Atmen Sie entspannt durch die Nase ein und aus, bis Sie innerlich ganz ruhig und konzentriert sind.

Nun verlagern Sie das ganze Gewicht nach rechts. Beugen Sie das rechte Knie an und strecken das linke Bein locker nach vorne, so dass die linke Ferse etwa einen halben Schritt vor dem rechten Fuß steht. In der Breite sollte der Abstand zwischen beiden Füßen ein bis zwei Fäusten entsprechen (siehe Zeichnung Seite 37). Heben Sie die linke Fußspitze, indem Sie das Bein leicht beugen. Gleichzeitig mit der Bewegung des Beins heben Sie beide Arme so, als wollten Sie die Hand geben. Die Handinnenflächen zeigen zueinander, wobei der linke Arm weiter nach vorne gestreckt wird als der rechte. Entsprechend wird der rechte Ellenbogen mehr gebeugt als der linke. Heben Sie das linke Handgelenk bis auf Schulterhöhe, wobei die Finger schräg nach oben zeigen. Bringen Sie die rechte Hand in die gleiche Haltung und plazieren sie neben den linken Ellenbogen.

Über die Fingerspitzen der linken Hand schauen Sie geradeaus in die Ferne. Atmen Sie ruhig durch die Nase ein und aus und richten Sie Ihre Konzentration auf das Dantian in Ihrem Bauch.

Am Anfang genügt es, zwei bis drei Minuten zu üben. Mit der Zeit können Sie die Übungsdauer auf vier bis fünf Minuten verlängern. Danach wechseln Sie die Position der Arme und Beine.

Achten Sie während der Übung darauf, die Wirbelsäule entspannt aufrecht zu halten und das Kreuzbein mit der Spitze nach unten sinken zu lassen. Schultern, Arme, Hände, Hüften und Beine sollten immer entspannt sein. Die Ellenbogen sollten Sie nicht an den Körper drücken, sondern locker neben dem Körper hängen lassen. Beugen Sie die Knie nur so tief, wie es für Sie angenehm ist.

Variation:
Sie können die Übung etwas verändern, indem Sie das vordere Bein, auf dem kein Gewicht ruht, auf dem Fußballen statt auf der Ferse absetzen (siehe auch Zeichnung).

4. Jinbu „Vorwärtsgehen"

Nehmen Sie die Ausgangsposition wie bei der dritten Übung „Der leere Schritt" (Xubuzhuang) auf Seite 36 ein.

Nun beugen Sie das rechte Bein und verlagern das gesamte Körpergewicht auf den rechten Fuß. Machen Sie mit dem linken Fuß einen Schritt nach vorne links, wobei Sie die Ferse zuerst aufsetzen. Achten Sie darauf, dass zwischen den Füßen ein seitlicher Abstand von ein bis zwei Fäusten besteht.

Dann bringen Sie das Körpergewicht nach vorne, indem Sie das linke Bein beugen und das rechte Bein locker strecken. Jetzt stehen Sie in der Schütze-Stellung (Gongbu).

Nun gehen Sie zurück in die Leere-Schritt-Stellung (Xubu): Beugen Sie das rechte Bein, verlagern das Körpergewicht nach rechts zurück und heben die linke Fußspitze leicht vom Boden.

In dieser Position drehen Sie Ihren ganzen Körper aus der Hüfte heraus um 30 bis 40 Grad nach links. Die linke Fußspitze wird dabei passiv mitgedreht. Verlagern Sie Ihr Gewicht auf den linken Fuß und nehmen wieder die Schütze-Stellung (Gongbu) ein, diesmal aber mit nach links gewendetem Körper. Der rechte Fuß ist jetzt ganz unbelastet, so dass Sie ihn bogenförmig am linken Fuß vorüber nach vorne rechts führen können, um einen Schritt zu machen.

Wieder setzen Sie den rechten Fuß mit der Ferse zuerst ab und achten darauf, dass zwischen beiden Füßen ein seitlicher Abstand von ein bis zwei Fäusten besteht. Dabei richten Sie den Körper von links vorne wieder gerade nach vorne aus und stehen jetzt mit dem rechten Fuß vorne in der Schütze-Stellung (Gongbu). So üben Sie weiter, so lange, wie Sie es ohne Anstrengung schaffen können.

Beachten Sie, dass die Weite der Schritte bestimmt wird durch die Tiefe des gebeugten Standbeins. Zu Beginn sollten Sie das Bein nicht so tief beugen und lieber kleinere Schritte machen. Nach und nach werden Sie tiefer beugen können und so auch Ihre Schritte vergrößern.

Das vordere Bein sollten Sie nie so weit beugen, dass es über die Fußspitze hinausragt. Bevor Sie einen Schritt machen, vergewissern Sie sich, dass das gesamte Körpergewicht auf dem Standbein liegt. Der Oberkörper sollte stets entspannt aufgerichtet sein. Die Körperhöhe wird kaum verändert.

Am Anfang können Sie bei der Übung frei atmen, später können Sie die Bewegung mit der Atmung koordinieren: Beim Übergang in die Schütze-Stellung (Gongbu) atmen Sie aus, in die Leere-Schritt-Stellung (Xubu) und bei der Bewegung nach vorne atmen Sie ein.

5. Tuibu „Rückwärtsgehen“

Nehmen Sie die gleiche Ausgangsposition ein wie in der Übung „Vorwärtsgehen“ (Jinbu) auf Seite 39. Atmen Sie ruhig und bleiben einen Moment stehen, bis Sie innerlich entspannt und gesammelt sind. Nun beugen Sie die Beine etwas und verlagern das ganze Gewicht auf das rechte Bein. Wenn das linke Bein ganz leer ist, gehen Sie mit links einen Schritt nach hinten, wobei Sie den Ballen zuerst aufsetzen. Achten Sie darauf, dass Sie dabei Ihre Beine nicht überkreuzen, sondern seitlich zwischen rechtem und linkem Fuß etwa eine ganze Faust breiter Abstand besteht.

Dann verlagern Sie das Körpergewicht langsam nach hinten auf den linken Fuß, indem Sie die linke Ferse etwas nach innen gedreht auf den Boden senken und das linke Bein beugen, als wollten Sie sich setzen. Das rechte Bein wird dabei locker gestreckt. Gleichzeitig drehen Sie die Ferse des rechten Fußes nach außen, bis der rechte Fuß gerade ist.

Nachdem Sie das gesamte Gewicht auf den hinteren (linken) Fuß verlagert haben, heben Sie die rechte Fußspitze vom Boden, indem Sie das Bein beugen, führen den rechten Fuß bogenförmig am linken vorbei und machen mit dem rechten Fuß einen Schritt zurück. Dabei setzen Sie wieder den Ballen zuerst ab und bringen, wie oben beschrieben, das Gewicht auf den jetzt hinteren (rechten) Fuß.

Achten Sie bei dieser Übung darauf, dass Ihr Blick stets nach vorne gerichtet ist. Der Rumpf bleibt natürlich aufgerichtet, die Hüften sind entspannt und das Kreuzbein hängt locker nach unten.

Beenden Sie die Übung, indem Sie beim letzten Schritt den vorderen Fuß neben dem hinteren abstellen, wobei Sie den Fuß leicht zur Seite drehen. Verteilen Sie das Gewicht gleichmäßig auf beide Beine und stehen ruhig auf, indem Sie beide Beine langsam strecken. Die Hände lassen Sie neben Ihrem Körper hängen.

Wenn Sie die Bewegungen schon häufiger geübt haben und sie Ihnen leichter fallen, können Sie die Schritte mit der Atmung koordinieren: Beim Zurückgehen atmen Sie ein, wenn Sie das Gewicht verlagern, atmen Sie aus.

6. Hengbu „Seitwärtsgehen“

Zunächst stehen Sie entspannt und natürlich aufgerichtet. Die Füße stehen parallel so nebeneinander, dass der Abstand zwischen ihnen etwa faustbreit ist.

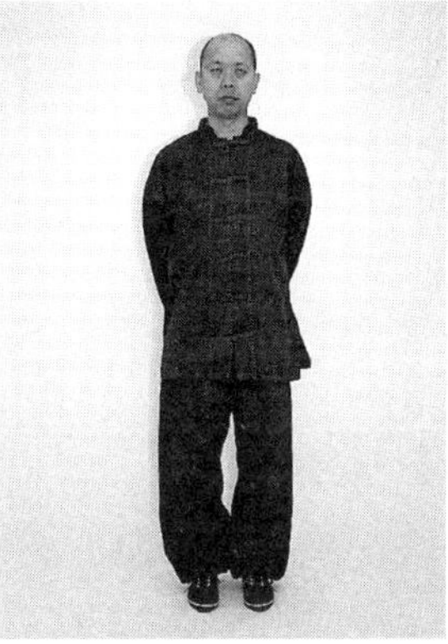

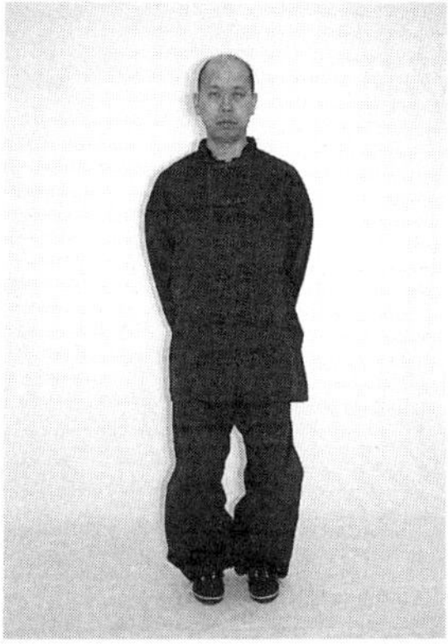

Entspannt atmen und stehenbleiben, bis Sie innerlich ruhig sind. Nun verlagern Sie das ganze Körpergewicht auf das rechte Bein, indem Sie beide Beine beugen.

Dann bewegen Sie den linken Fuß zur Seite und setzen den Fußballen in etwa schulterbreitem Abstand seitlich neben dem rechten Fuß ab, wobei Sie das linke Bein strecken.

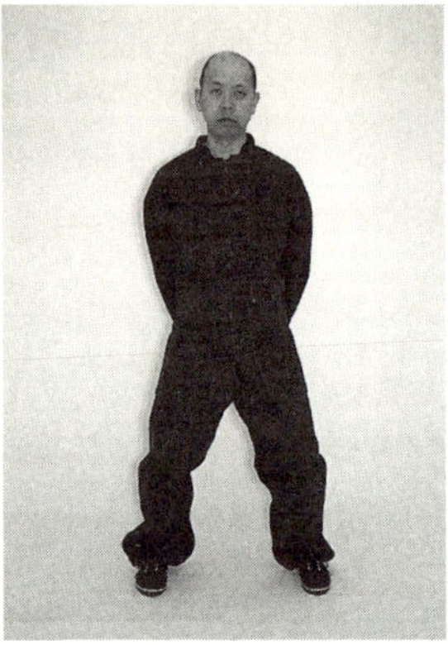

Indem Sie das linke Bein wieder beugen, setzen Sie den ganzen Fuß ab und verteilen das Körpergewicht auf beide Füße. Achten Sie darauf, dass beide Füße parallel zueinander stehen, wie in der Zeichnung unten.

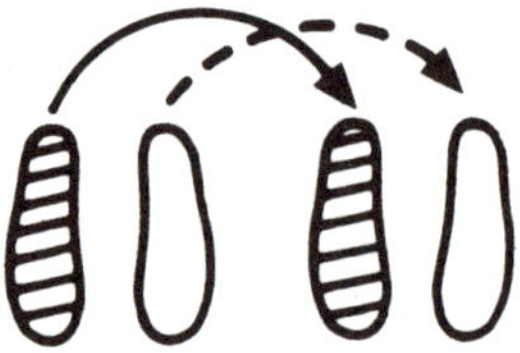

Jetzt verlagern Sie das Gewicht weiter auf den linken Fuß und machen mit dem rechten Fuß einen Schritt seitwärts, so dass der Fußballen eine Faust breit neben dem linken Fuß zu stehen kommt.

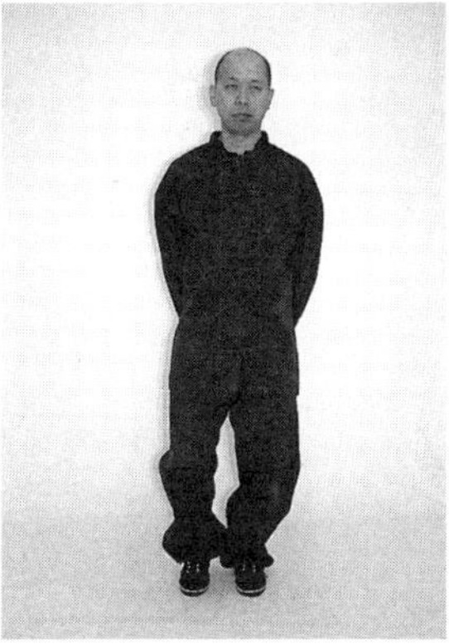

Beugen Sie das Bein, so dass Sie den ganzen rechten Fuß absetzen können, und verlagern das Gewicht wieder auf beide Beine.

Auf diese Weise können Sie die Seitwärtsschritte fortsetzen. Nachdem Sie sich mit den Schritten vertraut gemacht haben, können Sie die Bewegung und die Atmung koordinieren: Atmen Sie ein, wenn Sie einen Fuß zur Seite setzen, atmen Sie aus, wenn Sie das Körpergewicht verlagern.

7. Qishi
„Der Beginn“

Stehen Sie in der Grundhaltung. Die Füße stehen parallel schulterbreit auseinander, so wie in der Übung „Stehende Säule“ (Wujizhuang) auf Seite 33 beschrieben, jedoch sind die Knie nicht gebeugt. Legen Sie die Hände entspannt seitlich an die Beine.

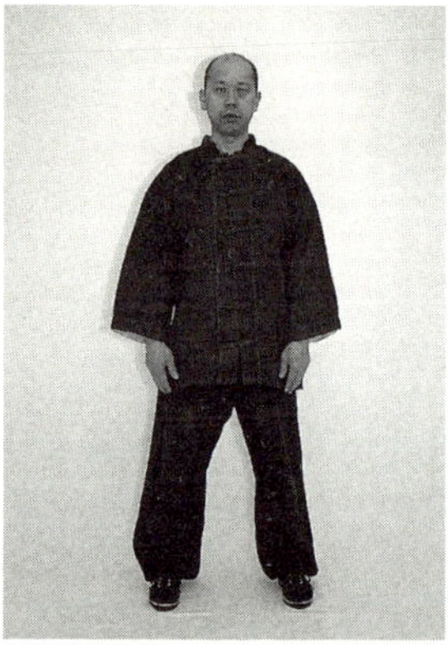

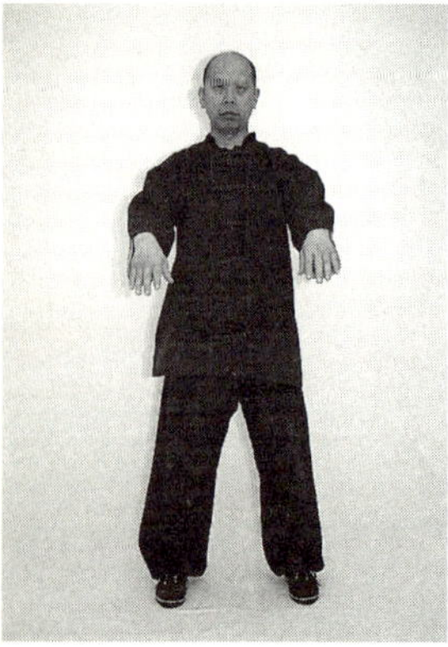

Warten Sie einige Atemzüge lang, bis Sie innerlich ruhig und konzentriert sind. Nun heben Sie die Hände langsam und

ruhig vor Ihrem Körper bis auf Schulterhöhe. Dabei zeigen die Handflächen zum Boden, die Hände sind etwa schulterbreit voneinander entfernt, die Finger sind locker gestreckt, die Hände bilden die natürliche Verlängerung der Unterarme, und Ellenbogen und Schultern bleiben entspannt. Dabei atmen Sie ein. Achten Sie darauf, für die Bewegung nur so viel Kraft einzusetzen, wie Sie dafür benötigen, nicht zuviel und nicht zuwenig.

Wenn die Hände die Höhe der Schultern erreicht haben, beginnen Sie wieder, sie zu senken. Dabei zeigen die Handflächen weiterhin zum Boden. Bringen Sie die Ellenbogen zum Körper zurück und senken die Handgelenke tiefer als die Hände. Gleichzeitig lockern Sie die Hüften und beugen die Knie an. Atmen Sie dabei aus. Senken Sie die Hände bis auf Nabelhöhe, so dass sich die Unterarme parallel zum Boden befinden.

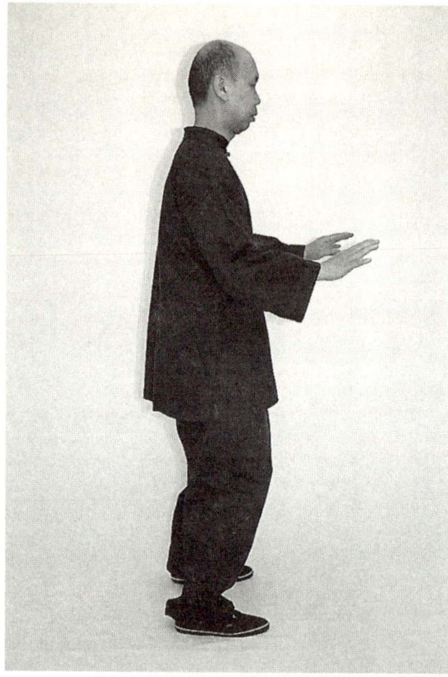

Anschließend heben Sie die Arme wieder auf die gleiche Weise auf Schulterhöhe. Dabei strecken Sie die Knie und atmen aus. Blicken Sie stets nach vorne, betrachten aber gleichzeitig das Heben und Senken der Hände. Zu Beginn genügt es, wenn Sie die Arme etwa sechs bis acht Mal heben und senken. Später können Sie die Bewegung 20 bis 30 Mal üben. Wie langsam Sie Ihre Arme heben und senken, hängt von Ihrem persönlichen Atemrhythmus ab.

Wie tief Sie die Knie beugen, richtet sich nach Ihrer Belastbarkeit. Am Anfang beugen Sie lieber nicht zu tief, um eine Überlastung der Knie zu vermeiden.

8. Dingbu Daojuanhong „Den Affen vertreiben" im Stehen

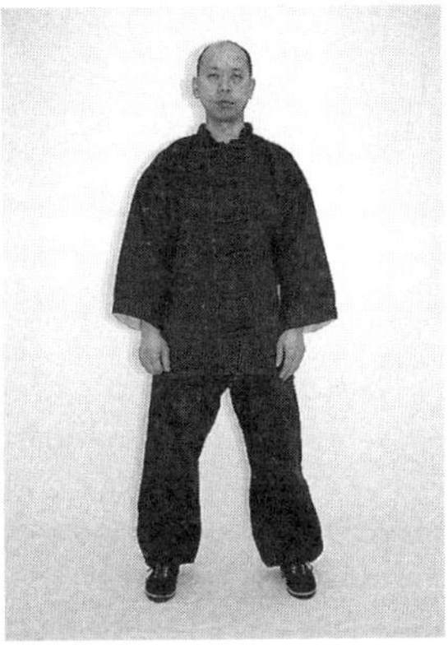

Nehmen Sie die Grundstellung ein. Die Füße stehen in schulterbreitem Abstand parallel nebeneinander und das Gewicht ist gleichmäßig auf beide Füße verteilt.

Wenn Sie innerlich ruhig und konzentriert sind, beugen Sie die Knie ein wenig und entspannen die Hüfte. Bringen Sie die rechte Hand vor und neben die rechte Hüfte. Der Arm ist so gebeugt, daß Ober- und Unterarm miteinander einen großen Halbkreis bilden. Die Handinnenfläche zeigt schräg nach oben, die Fingerspitzen sind nach vorne und leicht nach unten gerichtet und das Handgelenk wird nicht abgeknickt. Heben Sie den linken Arm locker gestreckt bis auf Schulterhöhe vor den Körper. Dann richten Sie die linke Handfläche nach vorne. Die Finger zeigen nach oben. Achten Sie darauf, dass Sie die Schultern dabei nicht hochziehen.

Nun bringen Sie die obere linke Hand in eine Linie mit dem Arm, gleichzeitig lassen Sie die rechte Hand entspannt neben dem Körper hängen. Führen Sie jetzt die untere rechte Hand seitlich neben dem Körper bis auf Schulterhöhe, wobei die Handfläche nach oben zeigt. Gleichzeitig entspannen Sie den linken Arm, so dass der Ellenbogen leicht gesenkt wird und Sie die Handfläche nach oben wenden. Dabei drehen Sie die Hüfte leicht nach rechts und schauen Sie über die rechte Hand hinweg zur Seite in die Ferne. Achten Sie darauf, dass Sie den Körper nur um etwa 45 Grad drehen, nicht weiter.

Beugen Sie den rechten Arm so, dass die rechte Hand zum Ohr geführt wird, wobei die Fingerspitzen seitlich auf Ihr Gesicht zeigen und sich der Ellenbogen leicht senkt. Gleichzeitig beugen Sie den linken Arm etwas und senken ihn ein wenig. Ihr Blick ist nun wieder nach vorne gerichtet.

Jetzt senken Sie den rechten Ellenbogen, richten die Handfläche wieder nach vorne und die Finger nach oben und schieben dabei die rechte Hand in Schulterhöhe nach vorne, wobei Sie den Arm locker strecken. Dabei drehen Sie die Hüfte zurück nach vorne. Gleichzeitig nehmen Sie die linke Hand zurück und lassen Hand und Arm weiter sinken. Bei dieser Bewegung führen Sie die beiden Hände bogenförmig vor Ihren Körper, so dass sie, ohne sich zu berühren, nah aneinander vorbeigehen, wenn Sie die eine Hand vor-, die andere zurückführen.

Sie bewegen die beiden Hände weiter, bis die linke Hand neben und etwas vor der linken Hüfte kommt und bis sich die rechte Hand in der Schulterhöhe vor dem Körper mit locker gestrecktem Arm befindet. Nun nimmt Ihre linke Hand die gleiche Haltung ein wie die rechte zu Beginn der Übung.

Das ganze Körpergewicht bleibt gleichmäßig verteilt auf beiden Füßen und die Beine bleiben die ganze Zeit gebeugt. Nun können Sie die Bewegung spiegelbildlich auf der anderen Seite ausführen und so die Seiten fortlaufend abwechseln.

Beenden Sie die Übung, indem Sie die Hände bei der letzten schiebenden Bewegung vor dem Körper etwa auf Herzhöhe kreuzen und die Handflächen nach unten richten. Anschließend bringen Sie die Hände wieder neben den Körper und stehen auf.

Wenn Sie die Bewegung schon gut ausführen können, können Sie beginnen, die Atmung bewusst einzusetzen. Atmen Sie ein, wenn Sie die untere Hand auf Schulterhöhe heben. Atmen Sie aus, wenn Sie die hintere Hand am Ohr vorüber nach vorne schieben und die vordere Hand neben die Hüfte zurück nehmen.

9. Dingbu Yema Fenzhong „Die Mähne des Wildpferdes teilen" im Stehen

Stehen Sie zunächst in der Grundhaltung, die Füße schulterbreit parallel nebeneinander, das Gewicht auf beide Füße verteilt. Wenn Sie innerlich ruhig und konzentriert sind, drehen Sie beide Fußspitzen in einem Winkel von 30 bis 40 Grad nach außen. Beugen Sie die Beine und verlagern ungefähr zwei Drittel Ihres Gewichts auf den rechten Fuß. Gleichzeitig drehen Sie den Körper aus der Hüfte heraus 20 bis 30 Grad nach rechts, strecken das linke Bein locker gerade. Mit der gleichen Bewegung führen Sie die rechte Hand im Halbkreis von unten nach oben bis auf Schulterhöhe. Dabei drehen Sie die Hand so, dass die Handfläche nach unten zeigt. Die linke Hand führen Sie bogenförmig nach rechts bis vor den Unterbauch und drehen dabei die Handfläche nach oben. Beugen Sie die Arme so, daß beide einen Halbkreis bilden und knicken Sie dabei die Handgelenke nicht ab. Zum Schluß der Bewegung befinden sich beide Hände entfernt vom Körper und die Handflächen zeigen zueinander, die obere nach unten, die untere nach oben.

Achten Sie darauf, dass der linke Ellenbogen nicht an den Körper gepresst wird, der rechte Ellenbogen etwas tiefer liegt als die Schulter, die obere rechte Hand nicht höher als auf Schulterhöhe gehoben wird und beide Schultern locker hängen. Diese Armhaltung wird „Ball umarmen" (Bao Qiu) genannt.

Nun verlagern Sie das Körpergewicht auf das linke Bein, indem Sie das linke Bein beugen und das rechte Bein locker strecken. Drehen Sie Ihren Körper aus der Hüfte heraus nach links. Dabei führen Sie die rechte Hand bogenförmig am Körper vorbei nach unten und an der rechten Hüfte entlang ein wenig nach hinten. Senken Sie das Handgelenk. Die Handfläche zeigt nach unten, die Finger sind nach vorne gestreckt. Die linke Hand führen Sie bogenförmig, aber ziemlich direkt von unten nach oben auf Schulterhöhe, wobei Sie den Arm locker strecken. Zum Schluß der Bewegung befindet sich die linke Hand mit gestrecktem Arm vor der linken Schulter. Die Handfläche ist schräg nach oben gerichtet.

Anschließend beugen Sie den linken Arm und drehen dabei die Handfläche nach unten. Führen Sie die rechte Hand gleichzeitig vor den Unterbauch und drehen dabei die Handfläche nach oben, so dass Sie mit den Armen wieder die Haltung „Ball umarmen“ einnehmen. Nun können Sie die Übung spiegelbildlich von links nach rechts ausführen.

Wenn Sie schon geübt haben und gut koordinieren können, können Sie die Atmung einbeziehen. Einatmen, wenn Sie den „Ball umarmen“, ausatmen, wenn Sie die „Mähne des Wildpferdes“ teilen.

Beenden Sie die Übung, indem Sie bei gebeugten Beinen das Körpergewicht gleichmäßig auf beide Füße verteilen. Führen Sie die vordere obere Hand bogenförmig, jedoch ziemlich direkt neben den Körper zurück, stellen die Füße wieder parallel zueinander ab und lassen anschließend beide Hände locker hängen. Dann strecken Sie beide Beine und stehen damit auf.

10. Dingbu Louxi Aobu „Kniestreifen" im Stehen

Bereiten Sie sich vor wie in der schon beschriebenen Übung „Die Mähne des Wildpferdes teilen" (siehe Seite 55). Verlagern Sie das Gewicht auf den rechten Fuß und bringen die rechte Hand zunächst seitlich in Schulterhöhe, so wie in der Übung „Den Affen vertreiben" (siehe Seite 51). Die linke Hand führen Sie gleichzeitig kreisförmig von unten nach oben und von links nach rechts, so dass sie sich zum Schluß rechts vor der Brust befindet und die Handfläche nach unten zeigt. Schauen Sie jetzt seitlich nach rechts.

Verlagern Sie das Körpergewicht nach links wie in der Übung „Die Mähne des Wildpferdes teilen". Führen Sie dabei die linke Hand zuerst nach unten, dann bogenförmig nach vorne und über dem Knie zur Seite nach hinten vor und neben

die linke Hüfte. Dabei zeigt die Handfläche zum Boden und die Finger nach vorne. Gleichzeitig beugen Sie den rechten Arm so, dass die Hand neben das rechte Ohr kommt, wie in der Übung „Den Affen vertreiben".

Lassen Sie den rechten Arm etwas sinken, um dann die rechte Hand in Schulterhöhe nach vorne zu schieben. Dabei zeigt die Handfläche nach vorne und die Finger nach oben. Zum Schluss der Bewegung befindet sich die rechte Hand genau vor der rechten Schulter, wobei der Arm locker gestreckt ist. Ihr Blick ist nach vorne gerichtet, ohne einen Punkt zu fixieren.

Anschließend führen Sie die linke Hand seitlich von unten hoch bis auf Schulterhöhe. Die rechte Hand bringen Sie im Kreis vor die linke Brustseite, indem Sie den Arm beugen und die Handfläche nach unten drehen.

Jetzt können Sie die Übung auf der anderen Seite fortsetzen.

Atmen Sie ein, wenn Sie die Hände seitlich auf Schulterhöhe bzw. vor die Brust führen. Atmen Sie aus, wenn Sie Ihr Gewicht verlagern bzw. mit der Hand das „Knie streifen". Beenden Sie die Übung so wie „Die Mähne des Wildpferdes teilen" (Seite 57).

11. Dingbu Yunshou „Wolkenhände" im Stehen

Nehmen Sie die gleiche Ausgangsposition ein wie bei der Übung „Den Affen vertreiben" (Seite 51). Bringen Sie dieses Mal die linke Hand dicht vor den Unterbauch und die rechte etwa 30 Zentimeter vor das Gesicht. Beide Arme sind jetzt in leicht gebeugter Stellung und die Hände zeigen zum Körper bzw. zum Gesicht. Das Handgelenk der oberen rechten Hand befindet sich auf Schulterhöhe und wird nicht abgeknickt.

Nun verlagern Sie das Körpergewicht nach rechts, wobei das rechte Bein gebeugt bleibt und das linke locker gestreckt wird. Gleichzeitig drehen Sie den Körper etwas aus der Hüfte heraus nach rechts (ca. 15 bis 20 Grad). Die obere rechte Hand führen Sie nach rechts herunter. Drehen Sie dabei die Hand so, dass sie sich unterhalb der Schulter befindet. Das rechte Handgelenk wird dabei leicht gesenkt. Gleichzeitig führen Sie die linke Hand nach rechts oben, drehen die Handfläche nach oben, so dass sie leicht versetzt neben den rechten Ellenbogen kommt, als wollten Sie den Arm eines Partners mit der linken Hand am Handgelenk und mit der rechten am Ellenbogen greifen. Die beiden Arme bleiben auch weiterhin leicht gebeugt.

Jetzt bringen Sie das Körpergewicht zurück zur Mitte und beugen beide Beine. Führen Sie die linke Hand weiter nach oben und zur Mitte und drehen die Hand ein wenig, so dass sie leicht schräg nach oben zum Gesicht zeigt und einen Abstand von etwa 30 Zentimeter zum Gesicht hat. Das linke Handgelenk befindet sich in Schulterhöhe. Die rechte Hand führen Sie gleichzeitig, mit ebenfalls gebeugtem Arm, nach unten zur Mitte und lassen die Hand dabei so entspannt herunter hängen, dass sie mit der Innenfläche zum Bauch zeigt.

Setzen Sie die Übung fort, indem Sie sich auf die gleiche Weise weiter nach links und wieder zur Mitte bewegen.

Wenn Ihnen die Koordination der Bewegung keine Schwierigkeiten mehr bereitet, können Sie die Atmung einbeziehen. Atmen Sie ein, wenn Sie die Hände an der Seite kreisend bewegen, atmen Sie aus, wenn Sie das Gewicht von einer Seite auf die andere verlagern.

Beenden Sie die Übung, indem Sie die Hand, die von oben nach unten geführt wird, bei der Gewichtsverlagerung einfach neben dem Körper hängen lassen, während die andere Hand mit der Gewichtsverlagerung von unten nach oben, zur Mitte vor das Gesicht und weiter nach unten zur Seite gebracht wird. Führen Sie diese Hand nun zurück neben den Körper, wenn Sie das Gewicht zum letzten Mal von der Seite wieder zur Mitte verlagern.

12. Shoushi „Abschließen“

Stehen Sie wie bei der Übung „Der Beginn“ (Qishi) auf Seite 48 natürlich aufgerichtet, die Füße parallel und schulterbreit voneinander entfernt.

Führen Sie beide Hände nach vorne und nach oben und kreuzen Sie sie dabei an den Handgelenken und drehen Sie die Handflächen nach oben. Die Arme werden gebeugt. Achten Sie darauf, dass Sie die Handgelenke nicht abknicken, die Hände einen Abstand von etwa 30 Zentimeter zum Körper haben und sich etwa auf Herzhöhe befinden.

Schieben Sie die Hände nun gerade nach vorne und drehen Sie die Hände, so dass sie mit den Handflächen nach unten zeigen.

Anschließend führen Sie sie auseinander, bis sie sich schulterbreit voneinander entfernt auf Schulterhöhe befinden.

Führen Sie die Hände nach unten. Dabei sinken Ellenbogen und Handgelenke vor den Händen herab.

Am Ende der Bewegung zeigen die Handflächen nach unten und die Finger nach vorne. Anschließend lassen Sie die Hände locker und entspannt neben dem Körper hängen.

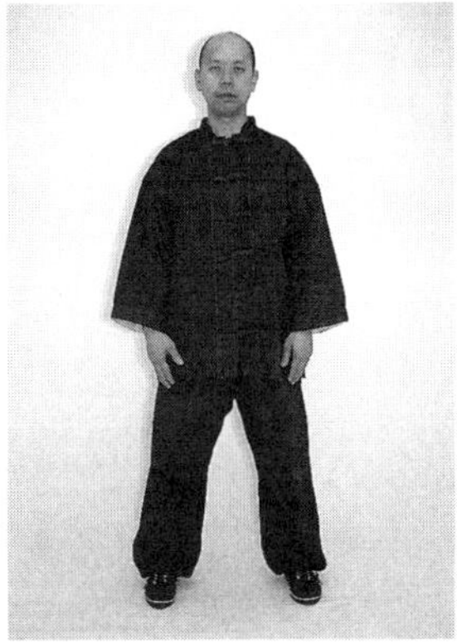

Auf diese Weise können Sie die Übung beliebig wiederholen. Nachdem Sie sich mit den Einzelheiten der Bewegung und ihrer Koordination vertraut gemacht haben, können Sie die Atmung integrieren. Atmen Sie ein, wenn Sie die Hände heben und vor dem Körper kreuzen. Atmen Sie aus, wenn Sie die Hände nach vorne und herab führen.

Beenden Sie die Übung, indem Sie die Hände zuerst gekreuzt unterhalb des Nabels auf den Bauch legen und dabei entspannt aufgerichtet bleiben. Ihr Blick ist gerade nach vorne gerichtet. Atmen Sie ein paar Mal ruhig ein und aus und konzentrieren Ihre Aufmerksamkeit auf das Dantian.

Danach holen Sie die Aufmerksamkeit zum Kopf zurück, bringen die Hände neben den Körper und lassen sie entspannt hängen.

Aufbauübungen

Bei den Aufbauübungen ist es wichtig, stets auf den eigenen natürlichen Atemrhythmus zu achten. Zwar können Sie die Atmung bei bestimmten Bewegungen bewusst einsetzen, wie etwa bei den beschriebenen Basisübungen, jedoch sollten Sie eine erzwungene Atmung vermeiden.

Beginnen Sie mit den Aufbauübungen erst, wenn Sie sich mit den Basisübungen genügend vertraut gemacht haben, da hier die Beherrschung der komplexen Koordinierung der Bewegungen und der Schritte erforderlich ist.

Auch wenn Sie durch die Basisübungen eine gute Vorbereitung erhalten haben, sollten Sie beim Erlernen der Aufbauübungen genau so Schritt für Schritt vorgehen, wie es im Kapitel „Vorgehensweise bei der Übung" (Seite 15) empfohlen wurde. Sie werden merken, dass Sie auch die Aufbauübungen dadurch zügiger erlernen.

Haben Sie bitte Geduld mit Ihren eigenen Entwicklungs- und Reifungsprozessen. Nehmen Sie sich genug Zeit. Wiederholen Sie die Bewegungen immer wieder, achten Sie auf die notwendige Körperhaltung, das Gleichgewicht und die Entspanntheit. Beachten Sie auch die Hinweise im Kapitel „Lern- und Reifungsphasen" (siehe Seite 16), mit deren Hilfe Sie dann in der Lage sein werden, die Aufbauübungen exakt, sicher und gewandt auszuführen.

1. Lanquewei „Den Spatzenschwanz fangen"

Stehen Sie aufgerichtet mit gebeugtem Bein auf dem rechten Fuß und setzen den linken Fußballen etwa eine Faust breit neben den rechten Fuß. Gleichzeitig führen Sie die rechte Hand kreisförmig nach oben bis auf Herzhöhe vor die rechte Brustseite und die linke Hand vor den Unterbauch. So nehmen Sie wieder die Haltung ein „Den Ball umarmen", wie in der Übung „Die Mähne des Wildpferdes teilen" (Seite 55).

Die Übung teilt sich in vier Abschnitte: *Peng* (Hebend Abwehren), *Lü* (Zurückrollen), *Ji* (Vowärtsschubsen) und *An* (Stoßen).

Peng (Hebend Abwehren)

Machen Sie mit dem linken Bein einen Schritt nach vorne, wobei Sie die Ferse zuerst aufsetzen. Parallel besteht jetzt zwischen beiden Füßen ein Abstand von etwa einer Faustbreite. Verlagern Sie etwa zwei Drittel des Körpergewichts auf das vordere linke Bein, indem Sie den Fuß ganz absetzen, das vordere linke Bein beugen und das hintere rechte Bein locker strecken und den Körper aufrecht nach vorne bringen. Während der Gewichtsverlagerung führen Sie den rechten Arm bogenförmig herab bis vor und neben die rechte Hüfte. Die Handfläche zeigt nach unten und die Finger nach vorne. Gleichzeitig bringen Sie die linke Hand vor den Körper bis auf Herzhöhe. Der Arm bildet einen Halbkreis und die Handfläche ist zum Körper gerichtet, die Finger zeigen nach rechts. Der Ellenbogen wird hängen gelassen und befindet sich etwas tiefer als das Handgelenk.

Während Sie das Körpergewicht noch weiter nach vorne verlagern, führen Sie die linke Hand seitlich nach vorne und etwas in die Höhe, so dass Sie mit locker gestrecktem Arm vor die Schulter gebracht wird. Hierbei zeigt die Handfläche nach rechts zur Seite. Gleichzeitig führen Sie die rechte Hand bogenförmig nach oben links, bis sie sich versetzt neben dem linken Ellenbogen befindet. Die rechte Handfläche zeigt nun nach links außen, schräg nach unten gerichtet.

Jetzt drehen Sie beide Hände so um, dass die obere linke Hand schräg nach unten und die untere rechte Hand schräg nach oben zeigen, als wollten Sie mit beiden Händen nach dem imaginären Arm eines Partners greifen, wie bei der Übung „Wolkenhände" (Seite 61).

Lü (Zurückrollen)

Führen Sie beide Hände mit gebeugtem Arm zurück bis etwa 10 bis 20 Zentimeter vor den rechten Rippenbogen, wobei die linke Hand sich weiter vorne befindet, die Hände also versetzt sind, während Sie das Gewicht wieder ganz auf den rechten Fuß verlagern und sich aus der Hüfte heraus leicht nach rechts drehen. Dabei beugen Sie das rechte Bein und strekken das linke locker gerade. Achten Sie darauf, dass der linke Fuß ganz auf dem Boden bleibt.

Ji (Vorwärtsschubsen)

Drehen Sie den Körper aus der Hüfte heraus nach links und beugen dabei den linken Arm zum Halbkreis, so dass die linke Handfläche in Herzhöhe auf den Körper zeigt. Gleichzeitig bewegen Sie die rechte Hand im Kreis von unten nach oben vor den linken Unterarm nahe des Handgelenks. Die Handfläche ist nach vorne gerichtet. Jetzt drehen Sie den Körper weiter nach vorne und verlagern das Körpergewicht auf den vorderen linken Fuß.

Schieben Sie die Hände unter Beibehaltung Ihrer Position zuerst passiv der Vorwärtsbewegung des Körpers folgend und dann aktiv nach vorne. Gleichzeitig drehen Sie die Hände so, dass die rechte Hand die linke am Handgelenk kreuzt. In dieser Haltung beenden Sie die Verlagerung des Gewichts.

An (Stoßen)

Bringen Sie das Körpergewicht wieder auf den hinteren rechten Fuß zurück, ohne den Körper zu drehen. Beugen Sie das rechte Bein und strecken das linke locker gerade. Gleichzeitig führen Sie beide Hände horizontal auseinander, bis sie einen Abstand von etwa einer Schulterbreite einnehmen. Die Handflächen zeigen nach unten. Dann nehmen Sie die Hände bogenförmig vor den Rippenbogen zurück, indem Sie die Ellenbogen zum Körper führen und die Handgelenke sinken lassen. Die Handflächen zeigen schräg nach vorne, die Finger sind schräg nach oben ausgerichtet. Die linke Fußspitze hebt sich leicht vom Boden.

Dann verlagern Sie das Gewicht abermals nach vorne, indem Sie den linken Fuß ganz auf dem Boden absetzen, das linke Bein beugen und das rechte Bein locker strecken. Währenddessen schieben Sie die Hände vorwärts und nach oben bis auf Schulterhöhe, bis die Arme locker gestreckt sind. Dabei behalten die Hände ihren Abstand von einer Schulterbreite.

Die Handflächen zeigen nach vorne, die Finger sind nach oben gestreckt.

Jetzt wiederholen Sie die gleiche Bewegung spiegelbildlich auf der anderen Seite. Dazu bringen Sie das Körpergewicht zuerst auf den hinteren rechten Fuß zurück und drehen den Körper aus der Hüfte heraus von links nach rechts. Mit Hilfe der Körperdrehung und der aktiven Drehung der linken Fußspitze setzen Sie den linken Fuß in einem Winkel von etwa 135 Grad nach innen. Fixieren Sie dabei die Ferse und benutzen sie als Drehachse. Gleichzeitig entspannen Sie Hände und Arme, so dass die Finger schräg nach oben zeigen. Bei der Drehung führen Sie die rechte Hand aktiv horizontal nach rechts und lassen die linke Hand passiv nach rechts folgen, so dass nach der Verlagerung des Gewichts auf den rechten Fuß beide Hände wieder nach vorne gerichtet sind, die Fingerspitzen nach oben zeigen und die Handgelenke gesunken sind.

Dann beugen Sie das linke Bein und bringen das Körpergewicht nach links zurück. Drehen Sie den Körper weiter nach rechts und strecken das rechte Bein locker gerade. Fixieren Sie den rechten Fußballen locker auf dem Boden und nehmen mit der Drehung des Körpers die rechte Ferse nach innen. Anschließend führen Sie den rechten Fuß neben den linken zurück und setzen den Ballen im Abstand von einer Faustbreite neben dem linken Fuß auf. Dabei beugen Sie das rechte Bein ein wenig und lassen die Ferse hängen, ohne dass sie den Boden berührt. Gleichzeitig bewegen Sie die rechte Hand bei gebeugtem Arm im Kreis vor den Unterbauch und drehen die Hand, so dass die Handfläche nach oben zeigt. Den linken Arm beugen Sie ebenfalls zum Halbkreis und führen die Hand dichter an den Körper heran (etwa 30 Zentimeter). Jetzt „umarmen" Sie also wieder „den Ball".

Von dieser Position aus können Sie die Übung spiegelbildlich nach rechts gerichtet wiederholen. Auf diese Weise können Sie die Übung beliebig häufig zur rechten und zur linken Seite ausführen. Um die Übung zu beenden, verlagern Sie das Körpergewicht auf den hinteren Fuß, drehen den Körper und führen die Hände diagonal nach außen seitlich vor die jeweilige Schulter wie oben beschrieben. Den vorderen Fuß drehen Sie diesmal nur um 90 Grad nach innen. Bringen Sie das Körpergewicht jetzt wieder auf den vorderen Fuß und setzen den hinteren Fuß schulterbreit neben den anderen, so dass sie parallel stehen.

Die Beine bleiben gebeugt und das Gewicht wird nun gleichmäßig auf beide Füße verteilt. Dabei führen Sie die Hände horizontal in Schulterhöhe so, wie bei dem oben beschriebenen Übergang, bis sie links und rechts vor dem Körper kommen. Nun strecken Sie die Beine und stehen damit auf. Gleichzeitig führen Sie die Hände neben den Körper herunter und lassen sie entspannt hängen, so wie in der Übung „Abschließen" (Shoushi) auf Seite 65 beschrieben.

2. Yema Fenzhong „Die Mähne des Wildpferdes teilen“

Sie stehen natürlich aufgerichtet mit gebeugtem Bein auf dem rechten Fuß. Dabei zeigt der rechte Fuß 30-40 Grad nach aussen. Setzen Sie den linken Fuß mit dem Ballen auf dem Boden neben den rechten. Bewegen Sie die Hände so, wie es in der Übung „Die Mähne des Wildpferdes teilen im Stehen“ (Seite 55) beschrieben ist, um die Haltung „Den Ball umarmen“ einzunehmen.

Nun machen Sie mit dem linken Fuß einen Schritt vorwärts. Setzen Sie die Ferse zuerst auf dem Boden ab. Zwischen vorderer Ferse und hinterer Fußspitze liegt ein Abstand von etwa einer Fußlänge. In der Breite zwischen den beiden Füßen besteht ebenfalls ein Abstand von einer Fußlänge. Verlagern Sie das Gewicht nach vorne auf den linken Fuß, wobei Sie das linke Bein beugen und den ganzen Fuß absetzen. Gleichzeitig bewegen Sie die Arme so, wie in der Übung „Die Mähne des Wildpferdes teilen im Stehen“

beschrieben, bis sich die rechte Hand bei gebeugtem Arm vor und neben der rechten Hüfte befindet und der linke Arm auf Schulterhöhe vor der linken Schulter locker ausgestreckt ist.

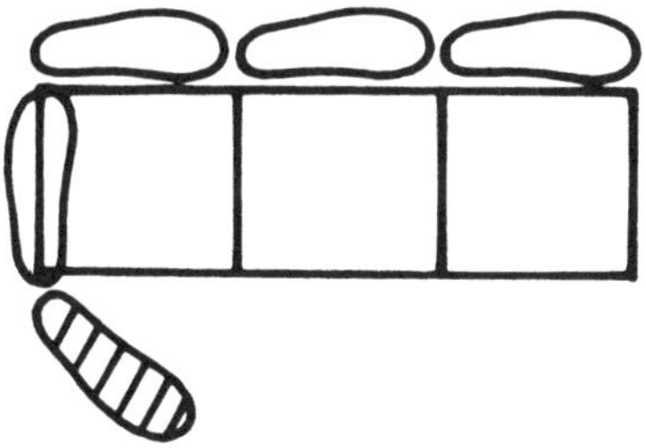

Bringen Sie nun das Gewicht zurück auf das hintere rechte Bein. Dabei beugen Sie das rechte Bein, strecken das linke Bein locker gerade und heben die linke Fußspitze leicht an.

Drehen Sie die obere linke Hand, so dass die Handfläche nach unten zeigt. Die rechte Handfläche richten Sie nach oben. Jetzt drehen Sie den Körper aus der Hüfte heraus um 30 bis 40 Grad nach links.

Verlagern Sie jetzt das Körpergewicht nach vorne auf den linken Fuß. Beugen Sie dabei das linke Bein und drehen Sie die linke Fußspitze in einem Winkel von 30 bis 40 Grad nach außen. Strecken Sie das hintere rechte Bein locker gerade. Anschließend setzen Sie den rechten Fußballen neben dem linken Fuß ab. Gleichzeitig bilden Sie mit den Armen die Haltung „Den Ball umarmen", wobei sich die linke Hand oben, die rechte unten befindet.

Machen Sie mit dem rechten Fuß einen weiteren Schritt nach vorne und bewegen sich nun spiegelbildlich zu den oben beschriebenen Bewegungen. Gehen Sie beliebig viele Schritte vorwärts.

Beenden Sie die Übung, indem Sie den hinteren Fuß neben dem vorderen parallel mit einem Abstand von Schulterbreite absetzen. Dabei drehen Sie die vordere obere Hand nach unten und lassen sie neben den Körper sinken. Jetzt lassen Sie beide Hände entspannt neben dem Körper hängen.

3. Louxi Aobu „Kniestreifen“

Stehen Sie natürlich aufgerichtet. Die Füße berühren sich an den Fersen, die Fußspitzen sind in einem Winkel von etwa 40 bis 60 Grad nach außen gedreht. Verlagern Sie das gesamte Körpergewicht nach rechts und setzen den linken Fuß auf dem Ballen neben dem rechten ab, so wie zu Beginn der Übung „Die Mähne des Wildpferdes teilen“ (Seite 55). Nehmen Sie mit den Händen die gleiche Ausgangsposition ein wie am Anfang der Übung „Kniestreifen im Stehen“ (Seite 58), so dass die rechte Hand sich auf Schulterhöhe seitlich neben dem Körper befindet und die linke vor der rechten Brustseite.

Nun machen Sie mit dem linken Fuß einen Schritt nach vorne links, wie in der Übung „Die Mähne des Wildpferdes tei-

len". Dann verlagern Sie das Gewicht nach vorne auf den linken Fuß. Gleichzeitig führen Sie mit den Händen die Bewegung des „Kniestreifens" aus, wie Sie es im Stehen bereits geübt haben.

Bringen Sie das Körpergewicht zurück auf den hinteren rechten Fuß und drehen die linke Fußspitze zur Seite. Dann verlagern Sie das Körpergewicht wieder auf den vorderen Fuß, wie es in der Übung „Die Mähne des Wildpferdes teilen" beschrieben wurde.

Setzen Sie den hinteren rechten Fuß neben dem vorderen linken Fuß ab. Dabei führen Sie die linke Hand seitlich bis auf Schulterhöhe und die rechte vor die linke Brustseite wie in der Übung „Kniestreifen im Stehen".

Jetzt machen Sie einen Schritt mit dem rechten Fuß und führen die gleiche Bewegung spiegelbildlich auf der anderen Seite aus. Gehen Sie auf diese Weise beliebig viele Schritte vorwärts.

Beenden Sie die Übung, indem Sie den hinteren Fuß parallel neben den vorderen stellen. Lassen Sie die vordere obere Hand nach unten sinken und lassen beide Hände locker neben dem Körper hängen. Dabei strecken Sie die Beine und stehen langsam auf.

4. Yunshou „Wolkenhände"

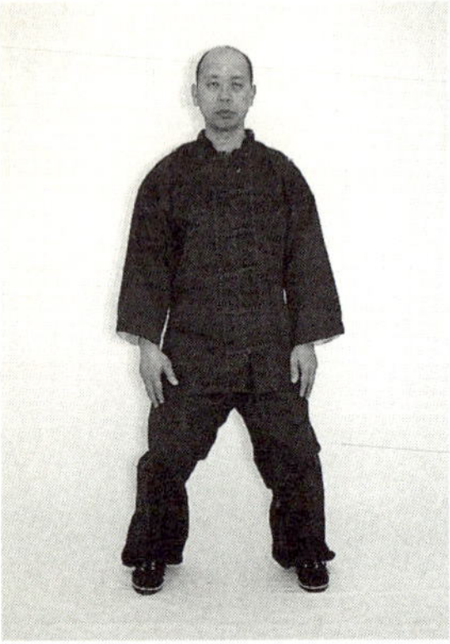

Zunächst stehen Sie natürlich aufgerichtet, die Füße schulterbreit parallel nebeneinander, die Hände entspannt neben dem Körper. Nun beugen Sie die Beine. Danach verlagern Sie das Körpergewicht auf den rechten Fuß. Dabei drehen Sie sich ein wenig aus der Hüfte heraus nach rechts. Führen Sie die linke Hand im Bogen von unten nach oben rechts. Dabei beugen Sie den Arm und drehen die Handfläche nach oben, bis Sie sich vor der rechten Brusthälfte befindet.

Nun verlagern Sie das Gewicht zur Mitte und führen die linke Hand mit gebeugtem Arm im Kreis nach oben bis etwa 30 Zentimeter vor Ihr Gesicht.

Bringen Sie jetzt das Körpergewicht ganz nach links und drehen Ihren Körper aus der Hüfte heraus nach links. Führen Sie die linke Hand mit gebeugtem Arm nach links und drehen die Handfläche nach vorne. Senken Sie dabei das Handgelenk.

Nun bewegen Sie die rechte Hand von unten nach links oben, beugen dabei den Arm und drehen die Handfläche nach oben, bis die rechte Hand mit einem Abstand von einer Faustbreite neben den linken Ellenbogen kommt. Gleichzeitig bringen Sie den rechten Fuß nach links, setzen mit gebeugtem Bein zuerst den Ballen und dann den ganzen Fuß neben dem linken Fuß ab. Zwischen beiden Füßen besteht nun ein Abstand von etwa einer Faustbreite.

Verteilen Sie das Körpergewicht gleichmäßig auf beide Füße und drehen den Körper gerade nach vorne. Setzen Sie den Kreis, den die rechte Hand beschreibt, weiter fort, bis sie sich etwa 30 Zentimeter vor dem Gesicht befindet. Gleichzeitig drehen Sie mit gebeugtem Arm die linke Handfläche nach unten und senken Handgelenk und Ellenbogen. Führen Sie den Kreis der Hand fort, bis sie vor dem Unterbauch ankommt.

Verlagern Sie das Körpergewicht auf den rechten Fuß und drehen dabei den Körper ein wenig nach rechts. Gleichzeitig führen Sie die rechte Hand mit gebeugtem Arm nach rechts, drehen die Handfläche nach vorne und senken Handgelenk und Ellenbogen. Die linke Hand führen Sie dabei im Kreis weiter nach oben und drehen die Handfläche nach oben, bis sie im Abstand von einer Faustbreite neben den rechten Ellenbogen kommt. Das rechte Bein bleibt weiterhin gebeugt. Machen Sie nun mit dem linken Fuß einen Schritt nach links, wobei Sie zuerst den Ballen, dann den ganzen Fuß absetzen. Nun stehen die Füße wieder parallel schulterbreit nebeneinander.

Verlagern Sie das Körpergewicht zur Mitte, verteilen es gleichmäßig auf beide Füße und drehen den Körper wieder gerade nach vorne. Dabei beugen Sie das linke Bein.

Führen Sie die linke Hand im Kreis nach oben bis 30 Zentimeter vor Ihr Gesicht und zeigen Sie die Handfläche zum Gesicht. Senken Sie das rechte Handgelenk und den Ellenbogen, so dass die rechte Handfläche schräg nach unten zeigt. Führen Sie die rechte Hand im Kreis weiter nach unten zur Mitte bis vor den Unterbauch und drehen Sie die Handfläche zum Bauch.

Auf diese Weise können Sie die Übung fortsetzen.

Beenden Sie die Übung, nachdem Sie den linken Fuß schulterbreit neben den rechten gesetzt haben, so wie in der Übung „Wolkenhände im Stehen" (Seite 61) beschrieben.

5. Dengjiao „Fersenstoß"

Stehen Sie natürlich aufgerichtet. Die Fersen berühren einander, die Fußspitzen sind in einem Winkel von 40 bis 60 Grad nach außen gedreht. Arme und Hände hängen locker neben dem Körper.

Beugen Sie nun die Beine und verlagern Sie das Gewicht nach links. Dabei heben Sie die Ferse des rechten Fußes entspannt vom Boden. Gleichzeitig führen Sie beide Hände nach vorne vor den Körper und aufwärts, bis sich die Handgelenke etwa auf Herzhöhe kreuzen, wobei die rechte Hand außen, die linke innen ist. Die Handflächen zeigen zum Körper. Achten Sie darauf, dass Sie die Ellenbogen nicht an den Körper drücken und die Handgelenke nicht abknicken. Drehen Sie den Körper aus der Hüfte heraus ein wenig nach rechts. Ihr Blick ist nach rechts vorne gerichtet.

Sichern Sie Ihr Gleichgewicht, indem Sie das ganze Gewicht auf den linken Fuß verlagern. Heben Sie das rechte Bein und stoßen langsam und ruhig die Ferse nach vorne rechts. Dabei strecken Sie das Standbein ein wenig. Gleichzeitig führen Sie die Hände mit gebeugten Armen bogenförmig zur Seite auseinander. Drehen Sie dabei die Handgelenke so, dass zum Schluss der Bewegung die Handflächen schräg nach vorne und die Finger nach oben zeigen. Kurz vor dem Ende der Handbewegung senken Sie Handgelenke und Ellenbogen und strecken die Arme ein wenig zur Seite, ohne sie voll durchzustrecken. Jetzt befinden sich der rechte Arm, das rechte Bein und Ihr Blick auf einer Linie.

Nun beugen Sie das linke Standbein etwas. Gleichzeitig senken Sie zunächst den rechten Unterschenkel, setzen dann die rechte Ferse auf und stellen den ganzen Fuß so ab, dass er etwa einen Schritt rechts vor dem linken steht und in einem Winkel von 20 bis 30 Grad nach außen gedreht ist, ähnlich wie bei der Ausgangsposition.

Verlagern Sie nun das ganze Gewicht nach vorne auf den rechten Fuß und setzen den linken Fußballen in einem Abstand von einer Faustbreite neben dem rechten ab. Lassen Sie die Ferse locker hängen, ohne sie auf dem Boden abzusetzen. Das linke Bein ist leicht gebeugt. Während Sie den rechten Fuß absetzen und den linken nach vorne nehmen, führen Sie beide Hände mit gebeugten Armen im Kreis vor und neben dem Körper nach unten und zur Mitte, um sie dann auf Herzhöhe an den Handgelenken zu kreuzen. Diesmal ist die linke Hand außen und die rechte innen.

Jetzt können Sie die Bewegung spiegelbildlich fortsetzen.

Beenden Sie die Übung, indem Sie den Fuß, mit dem Sie gestoßen haben, wie oben beschrieben auf dem Boden absetzen. Dann führen Sie den hinteren Fuß an den vorderen heran, um ihn so abzusetzen wie in der Ausgangsposition. Die Hände führen Sie im Kreis seitlich nach unten, bis sie an den Körper herankommen. Dabei drehen Sie die Hände so, dass sie zuerst nach unten und dann zum Körper zeigen. Nun stehen Sie langsam auf und entspannen Hände und Arme.

Literaturverzeichnis

Gu, Liu Sheng: Zenyang Lianxi Taijiquan (Wie lernt man T'ai Ch'i Chuan), Volks-Verlag, Shanghai, 1974
ders.: T'ai Ch'i Chuan Shu (Die Kunst des T'ai Ch'i Chuan), Volks-Verlag, Shanghai, 1980
Lie, Foen Tjoeng: Tai Ji Quan, Chinesisches Schattenboxen, Falken-Verlag, Niedernhausen, 1995/1996
Lie, Foen Tjoeng/Proksch, Christa: Taijiquan Yang-Stil, Kolibri Verlag, Hamburg, 1991
Lind, Gabi/Lind, Monika: Taijiquan & Qigong Lexikon, Kolibri Verlag, Hamburg, 1995
Men, Hui Feng / Ning, Zhen: Sishibashi Taijiquan Rumen (Einführung ins Taijiquan mit 48 Folgen), Verlag für Wissenschaft und Technik, Hefei, 1986
Shen, Shou: Taiji Quanfa Yanjiu (Das Studium der Methodik des T'ai Ch'i Chuan), Volks-Verlag, Fuzhou, 1984
Sportkomitee der Volksrepublik China: Taijiquan Yundong (Der T'ai Ch'i Chuan-Sport), The Commercial Press, Peking, 1985
Zhou, Ren Feng: Taijiquan Changshe (Allgemeines Wissen über T'ai Ch'i Chuan), Volkssport-Verlag, Peking, 1978

Glossar

Chuan	Faust, Boxen
Dantian	„Zinnoberfeld“, Energiezentrum im Unterbauch, drei Fingerbreit unter dem Bauchnabel
Jing	innere Kraft
Qi	Lebensenergie, die den ganzen Körper durchdringt und sich in ständiger Zirkulation zwischen den Organen befindet
Shi	Fülle
T'ai Ch'i	Der Urzustand vor der Entstehung von Himmel und Erde, das Unberührte bzw. das Vollkommene
Taoismus	auch Daoismus geschrieben, alte Philosophie Chinas, die kosmische bzw. natürliche Gesetzmäßigkeit unter anderem als Gebot der menschlichen Handlung betrachtet
Xü	Leere
Yang	Gegensatz von Yin, das Bewegliche, Aktive, Helle, Warme. Yin und Yang sollen stets ausgeglichen sein
Yi	Bewusstheit, Gedanken, Vorstellung
Yin	Gegensatz von Yang, das Stille, Passive, Dunkle, Kalte

Foen Tjoeng Lie, Auslands-Chinese aus Indonesien, geboren 1948, wurde in Indonesien und China in chinesischen Naturheilverfahren, Qigong und T'ai Ch'i Chuan ausgebildet. Er ist Autor mehrerer Bücher über oben genannte Themen und Ausbildungsleiter der Kolibri-Seminare in Hamburg für Traditionelle Chinesische Medizin (TCM), Qigong und T'ai Ch'i Chuan. Er führt regelmäßig Studienreisen in Zusammenarbeit mit diversen Institutionen in China durch.

Kontaktadresse:

Kolibri-Seminare
Bartholomäusstr. 57 b,
D-22083 Hamburg
Tel.: (040) 2 27 63 54
Fax: (040) 2 27 63 68

Esoterik

Tarot für alle Decks
Von B. A. Mertz – 144 S.,
23 Kartenabbildungen, kartoniert
ISBN: 3-635-**60235**-3
Preis: DM 14,90

Noch nie war Tarot so verbreitet und beliebt wie heute. In diesem Esoterikbuch finden Sie die ausführliche Beschreibung der 21 Karten der großen Arcana und die 19 wichtigsten Auslegearten des Tarot.

Farben – Charakter - Schicksal
Von B. A. Mertz – 152 S.,
19 farbige Zeichnungen, kartoniert
ISBN: 3-635-**60078**-4
Preis: DM 16,90

Farben beeinflussen Gefühle und Wahrnehmungen, das eigene Verhalten und Wohlbefinden. Mit Hilfe dieses Buches können Sie „Ihre" Farben und deren Bedeutung ganz leicht selbst herausfinden und so neue Erkenntnisse über sich selbst und andere gewinnen.

Handdeutung
Von C. Eisler-Mertz – 120 S.,
50 Zeichnungen, kartoniert
ISBN: 3-635-**60101**-2
Preis: DM 14,90

Die Deutung der Hände fasziniert die Menschen seit alters her. Dieses „Handbuch" zeigt Ihnen, wie die Handdeutung zu vertiefter Selbsterkenntnis führt und hilft Ihnen, auch das Wesen anderer Menschen besser zu ergründen.

Prophezeiungen
Von S. Skinner
176 S., kartoniert
ISBN: 3-635-**60255**-8
Preis: DM 16,90

Dieses Buch bietet einen Blick in die Zukunft, indem es die wichtigsten Prophezeiungen aus vorchristlicher und christlicher Zeit vorstellt. Viele dieser Vorhersagen sind eingetreten, wird dies auch für die Zeit der Jahrtausendwende gelten?

I Ging
Von R. Sorrell, A. M. Sorrell
224 S., zweifarbig, kartoniert
ISBN: 3-635-**60253**-1
Preis: DM 19,90

Das Chinesische Münzorakel hat seine Bedeutung in der Konstellation der Urkräfte Yin und Yang. Auch heute noch kann Ihnen I Ging, das „Buch der Wandlungen", eine wertvolle Hilfe bei Ihren Entscheidungen sein. Die Regeln sind leicht verständlich, so daß Sie die Weisheit dieses alten Orakels für sich nutzen können.

Traumdeutung
Von G. Haddenbach
172 S., kartoniert
ISBN: 3-635-**60045**-8
Preis: DM 12,90

Träume sagen viel über den eigenen Seelenzustand aus; sie zeigen unterdrückte Emotionen, warnen vor Gefahren und weisen auf die Zukunft hin. Als hilfreiche Einführung in die Welt der Träume gibt dieser Ratgeber Auskunft über Traumarten und Traumdeutung und ergänzt seine Ausführungen mit einem Lexikon der Traumsymbolik.

FALKEN TaschenBuch

Stand der Preise 1.8.1996 · Änderungen vorbehalten

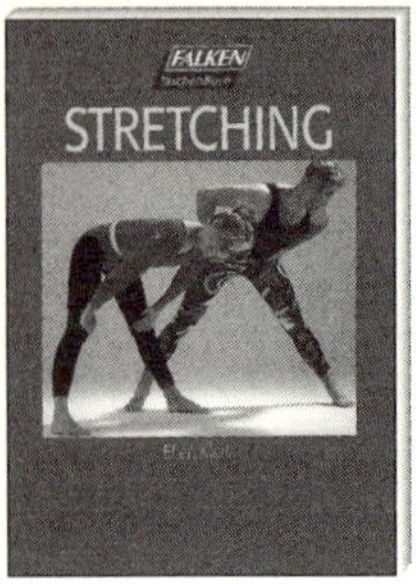

Stretching
Von E. Kleila – 64 S.,
67 s/w-Fotos, kartoniert
ISBN: 3-635-**60085**-7
Preis: DM 9,90

Stretching ist eine sehr effektive Form der Muskeldehnung, die zu Beweglichkeit, Entspannung und Wohlbefinden führt. Das Training kostet wenig Zeit und kann in jedem Alter und fast überall durchgeführt werden. Ein idealer Ausgleich bei Bewegungsmangel und einseitiger Alltagsbelastung.

Ausgleichsgymnastik für Büroberufe
Von E. Busch-Ostermann
80 S., 80 s/w-Fotos, kartoniert
ISBN: 3-635-**60111**-X
Preis: DM 12,90

Gerade im Büro ist die Arbeitssituation geprägt von einem Mangel an Bewegung und ständigem Sitzen in oft ungesunder Haltung. Das belastet Ihre Wirbelsäule einseitig und kann langfristig Haltungsschäden und Verspannungen hervorrufen. Dieser Ratgeber liefert Ihnen ein umfassendes Programm mit wirkungsvollen Ausgleichsmaßnahmen.

Fit mit Ayurveda
Von J. Douillard – 192 S., kartoniert
ISBN: 3-635-**60260**-4
Preis: DM 19,90

In diesem Ratgeber finden Sie ein Trainingsprogramm mit ergänzendem Ernährungsplan, wie Sie nach den Prinzipien des Ayurveda mit weniger Anstrengung Ihre Leistung erfolgreich verbessern können. Dieses alte indische Gesundheitssystem beruht auf dem harmonischen Zusammenspiel von Geist und Körper.

Bodyfeeling
Von M. Sauer – 112 S.,
durchgehend vierfarbig, kartoniert
ISBN: 3-8068-**1766**-9
Preis: DM 19,90

Fitneß, Gesundheit, Schönheit – alles Ideale, von denen so manch eine(r) träumt! **bodyfeeling**, das offizielle Begleitbuch zur Fitneß-Sendereihe im ZDF hilft Ihnen, Ihren ganz persönlichen Traum zu verwirklichen. In diesem Ratgeber finden Sie das komplette Übungsprogramm der Fernsehserie mit zahlreichen Tips und Ratschlägen. Die Übungen werden mit Hilfe von rund 200 Farbfotos und präzisen Bewegungsanleitungen anschaulich erklärt.

Wirbelsäulengymnastik
Von L. Keller – 40 S., 109 Farbfotos,
8 Ausklapptafeln, kartoniert
ISBN: 3-8068-**1246**-2
Preis: DM 29,90

Rückenschmerzen – jeder dritte Bundesbürger leidet ständig darunter, jeder zweite zeitweise. Regelmäßiges Rückentraining und gezielte Wirbelsäulengymnastik dagegen helfen, die wichtigen Funktionen der Wirbelsäule ein Leben lang zu erhalten. Mit diesem Buch bekommen Sie unter anderem praktische Anleitungen für eine korrekte Körperhaltung, gesunden Freizeitsport und ein wirkungsvolles Rückentraining.